应用技术型高校课程建设理论与实践

孟　艳◎著

全国教育科学“十三五”规划教育部重点课题“地方本科高校转型发展中的课程改革研究”（项目编号：DIA160324）

科学出版社
北　京

内 容 简 介

本书基于应用技术型高校肩负的应用型人才培养的历史使命，尝试构建应用型人才素质结构，探索符合应用型本科人才培养目标的课程体系。本书提出应用技术型高校的课程建设必须将地方经济发展需要、学生发展需要和学校特色有机结合起来，树立“以学生为中心”“以产出为导向”的理念，必须以应用能力培养为中心、以课程的应用性和实践课建设为重点进行课程设计。政府应为此提供有效的政策导向和资金保障，以保障高校适时地进行教学管理模式变革。

本书可供高等学校、科研院所教育学相关专业的师生、管理者、研究者等参阅。

图书在版编目（CIP）数据

应用技术型高校课程建设理论与实践／孟艳著. —北京：科学出版社，2021.9

ISBN 978-7-03-069611-3

Ⅰ. ①应… Ⅱ. ①孟… Ⅲ. ①高等学校-课程建设-研究 Ⅳ. ①G642

中国版本图书馆 CIP 数据核字（2021）第 170643 号

责任编辑：崔文燕 冯雅萌／责任校对：王晓茜

责任印制：李 彤／封面设计：润一文化

科 学 出 版 社 出版

北京东黄城根北街 16 号

邮政编码：100717

http://www.sciencep.com

北京建宏印刷有限公司 印刷

科学出版社发行 各地新华书店经销

*

2021 年 9 月第 一 版 开本：720×1000 1/16

2021 年 9 月第一次印刷 印张：13

字数：200 000

定价：89.00 元

（如有印装质量问题，我社负责调换）

序

Forword

伴随着19世纪工业化的发展，从世界范围来看，20世纪20年代，高等教育进入大众化阶段，并在20世纪60年代得到了爆炸式的推进。高等教育大众化带来的不仅是接受高等教育人数的激增，更突出的是引发了高等教育体系的变化，这种变化体现在高等教育职能的扩展和人才培养规格的多样上。在高等教育职能上，服务社会、服务地方经济发展成为继教学、研究之后的第三种职能。在人才培养规格上，培养具有应用型技能的实用型人才成为某些大学关注的重点。美国的社区学院、德国的应用技术大学、法国的综合技术学院正是应对这一工业化发展和知识产业革命的重要体现。高等教育的社会性使得其发展进程在不同国家具有一定的相似性。

随着我国经济社会的快速发展，我国高等教育已进入普及化阶段。在这种情况下，通过构建多元化的高等教育体系来服务多样化的社会需求成为政策关注的重点。推动地方本科高校向应用型转型，是国家做出的重大决策部署，是我国高等教育大众化和普及化发展的必然选择。

2019年1月，国务院印发《国务院关于印发国家职业教育改革实施方案的通知》，提出到2022年“一大批普通本科高等学校向应用型转变”的具体指标。社会经济发展呼唤高校培养大批应用技术型专门人才，为此将有一大批地方本科院校转向应用技术型高校。如何积极推动这些高校成功转型就成为一个非常值得研究的课题。

人才培养是高等学校改革与发展的重中之重，要通过应用技术型高校人才培养的转型，助推高校的内涵建设和特色发展。课程是实现教育目的和人才培养目标的核心，课程改革是地方本科院校向应用技术型高校转型的关键。孟艳博士选择课程建设作为地方本科高校转型发展中的抓手和突破口并对其进行研究无疑具有非常重要的现实意义，同时也具有相当大的学术价值。众所周知，培养应用型本科人才是应用技术型高校的根本任务，为此就必须弄清楚应用型人才的素质结构，构建起一个行之有效的应用型人才培养模式。课程建设是人才培养模式的核心部分，在很大程度上决定着人才培养的质量。应用技术型高校要承担起培养应用型人才的重任，必须积极探索课程建设的新方案，构建起符合应用型本科人才培养目标要求的课程体系，并提高课程建设质量。

显然，地方本科高校向应用技术型高校转型，必须突出应用型人才的特色才能获得成功。一般而言，应用型人才所掌握的知识应具有复合性和应用性，所获得的能力应具有综合性和实践性，所培育的素质应具有很强的合作意识和务实作风，如此才能有效地应对复杂工作环境的要求和社会竞争的压力。目前正在实施转型的地方本科高校在人才培养模式建设上取得的效果如何？这正是社会所关心的。根据孟艳博士对12所样本高校人才培养方案的文本分析以及对其中6所样本高校的问卷调查和访谈，目前正在向应用技术型转型的高校对应用人才理念的认识普遍还比较模糊，在课程内容方面不能满足学生和社会发展的真实需求，突出表现在课程结构中实践课程所占比例过低，而且在课程建设方面缺乏整体优化思路。这些调查结果说明，应用技术型高校必须在课程建设方面加大投入力度，提升课程建设质量。

在培养应用型人才方面，德国应用科技大学和中国台湾地区的科技大学的经验非常值得借鉴。例如，它们都非常强调在培养目标中突出应用性以及重视对学生能力的培养，强调实践教学，尤其注重师资队伍的应用能力建设。这恰恰是我国多数高校在向应用技术型高校转型时所暴露出的软肋。为此，孟艳博士建议应用技术型高校的课程建设必须将地方经济发展需要、学生发展需要和学校特色有机结合起来，树立“以学生为中心”“以产出为导向”的理念；必须以应用能力培养为中心、以实践课建设为重点进行课程设计；政府应为此提供有效的政策导向和资金保障，而高校自身也必须适时地进行教学管理模式变革以强化师资队伍建设。这些建议具有很强的针对性，有助于正在实施转型的高校认清自身存在的不足，提高课程建设的自觉性，为培养高质量的应用型人才而努力。

最后，希望《应用技术型高校课程建设理论与实践》一书的出版能够促进相关研究者对应用技术型高校课程建设的探讨，为我国培养大批高质量的应用型人才贡献力量。

王洪才

2021 年 8 月 2 日

Preface 前　言

随着我国产业形态的转型升级和经济结构的深刻调整，产业链与技术链对人才链提出了更高的诉求。地方经济发展需要大量应用型、复合型和技术型的高素质人才。进行结构调整，及时回应经济社会发展的迫切需要，是我国高等教育无法回避的问题和肩负的历史使命。地方本科高校向应用技术型高校转型是高等教育供给侧改革的需要，也是地方本科院校自身发展的需要。2014 年 6 月，《教育部等六部门关于印发〈现代职业教育体系建设规划（2014—2020 年）〉的通知》指出，要“支持定位于服务行业和地方经济社会发展的本科高等学校实行综合改革，向应用技术类型高校转型发展”。2015 年 3 月，《中共中央 国务院关于深化体制机制改革加快实施创新驱动发展战略的若干意见》印发，要求“以人才培养为中心，着力提高本科教育质量，加快部分普通本科高等学校向应用技术型高等学校转型”。2015 年 10 月，《教育部 国家发展改革委 财政部关于引导部分地方普通本科高校向应用型转变的指导意见》中明确提出了引导部分普通本科高校向应用型转变的主要任务，强调推动转型发展高校把办学思路真正转到服务地方经济社会发展上来，转到产教融合校企合作上来，转到培养应用型技术技能型人才上来等。2019 年 1 月，《国务院关于印发国家职业教育改革实施方案的通知》进一步提出，到2022年“一大批普通本科高等学校向应用型转变”的发展目标。如今，研究者对部分地方本科高校向应用技术型高校转型已经达成共识，而地方本科院校如何转型就成为我们研究的课题。

高质量发展是新时代高等教育追求的目标，提高人才培养质量是高等教育的核心任务。应用技术型高校要想获得可持续发展，必须突出应用型人才的特色。应用型本科人才培养目标的实现最终要落实到课程上。2019年10月，《教育部关于一流本科课程建设的实施意见》中指出，“课程是人才培养的核心要素，课程质量直接决定人才培养质量……依据高校办学定位和人才培养目标定位，建设适应创新型、复合型、应用型人才培养需要的一流本科课程，实现不同类型高校一流本科课程建设全覆盖”。可见，课程建设是地方本科院校转型发展中的核心问题，没有应用型课程支持的应用技术型高校，只能成为“换汤不换药”的传统大学培养模式的延续。

正是在此背景下，本书对应用技术型高校课程建设进行了理论和实践探索。笔者以知识生产模式Ⅱ为理论基础，知识生产模式Ⅱ具有应用性、协同性、跨学科性和评价多样性等特征，对应用技术型高校的课程建设具有重要的指导意义。课程建设中课程目标制定、课程内容选择、课程结构设计、课程评价等方面要有学校、教师、学生、行业、企业等利益相关者的参与。因此，应用技术型高校课程建设的基本特征为：课程目标突出能力，课程内容体现应用性，课程结构强调实践性，课程评价体现多样化。实践教学是实现应用技术型高校人才培养目标的关键环节，本书创造性地提出应用技术型高校中的实践课程应占总学分的40%—50%。

与此同时，本书对应用技术型高校课程建设现状进行了深入的实践探索，通过对12所应用技术型高校人才培养方案的文本分析，以及对其中6所应用技术型高校的问卷调查和访谈发现，应用技术型高校在课程建设方面不尽如人意,并不符合应用型本科人才培养目标要求,仍然沿袭传统学科教育的课程体系，具体主要表现为：课程目标体系等缺失，通识教育课程设置欠科学，学科基础课程差距较大，课程结构中实践课程不足，课程内容偏理论性，不能及时更新，课程实施方法相对单一，课程评价没有突出能力评价等问题。

本书认为，合理借鉴境内外先进经验将成为一个必然选择。境内外一些成功案例提示我们,应用技术型高校在课程建设方面需加强与企业合作,加强教师应用能力素质的提高,建立多元化课程评价制度,促进应用技术型高校真正向应用型院校转型。在借鉴境内外先进经验的基础上，本书提出应用技术型高校课程建设要与地方经济发展需要相适应，符合应用型本科的办学定位，满足学生个人发展的需要的基本思路，遵循并突出应用性原则、以能力培养为主的原则、通识性原则以及开放性原则，树立“以学生为中心”“以产出为导向”的课程建设理念，构建科学的课程目标体系，优化课程结构，完善课程内容，课程实施和课程评价注重学生能力的培养。应用技术型高校课程建设的成功需要政府和学校的共同努力，需要两者加强合作和协调，没有政府的强有力支持，学校的课程建设很难取得成功。

本书是在各位学界同人和课题组成员的指导与协助下完成的。感谢博士生导师王洪才教授的指导，感谢在调查中给予过帮助的同人，感谢接受访谈及问卷调查的教师和学生，感谢参与访谈和问卷调查的课题组成员，此外，还要感谢科学出版社有关编辑提出的宝贵的修改建议。由于研究时间的限制和学术积累的有限，本书难免存在一些不足之处，还有待今后研究的进一步探讨。

孟　艳

2021 年 8 月于开封

Contents **目 录**

第一章 绪 论

面对新一轮科技革命和产业变革，经济社会发展对人才的需求呈现出结构性变化，国家急需大量的应用型人才。因此，我国高等教育结构需要及时调整，积极引导部分地方本科院校向应用技术型高校转型，加快现代职业教育体系建设。部分地方本科院校应向应用技术型高校转型，促进内涵式发展，提高人才培养质量，为地方经济社会发展提供人才支撑和智力保障。应用技术型高校应根据自身的资源禀赋、学校的人才培养特点、区域的经济社会发展等，形成人才培养的特色，规避大学发展的同质化。

应用技术型高校的根本任务是培养应用型本科人才。应用型本科人才培养目标的实现最终要落实到课程上。课程建设是地方本科院校转型发展中的核心问题，关系到应用型本科人才的培养。虽然自 2003 年以来，我国部分高校和学者提出了创办应用型大学、培养应用型本科人才的目标，但在实际办学中进展缓慢，仍然沿袭传统本科办学思路，仍然模仿学术型本科人才课程体系。在当前强调部分地方本科院校转型发展的背景下，将课程改革与建设作为地方本科院校转型中的突破口和重要抓手，探索适应应用型人才培养目标的课程体系，有助于应用型本科人才培养的落地生根。

第一节　应用技术型高校课程建设的提出与意义

一、应用技术型高校课程建设的提出

（一）地方本科院校转型促进高等教育供给结构性改革

潘懋元先生指出，教育必须与社会发展相适应，高等教育结构必须主动适应现代经济与社会发展的人才结构。[①]当前高等教育结构性矛盾突出，高校的人才供给与社会对人才的需要不一致，导致人才供需存在结构性矛盾。2013 年，在教育部的推动下，我国 35 所地方高校成立了中国应用技术型高校联盟。2014 年，《国务院关于加快发展现代职业教育的决定》出台，同年，《教育部等六部门关于印发〈现代职业教育体系建设规划（2014—2020 年）〉的通知》发布。2014 年 4 月，以“建设中国特色应用技术大学”为主题的会议在河南省驻马店市举办，178 所高校形成了地方高校转型发展的《驻马店共识》。《驻马店共识》的发布，意在落实国务院常务会议做出的“引导部分普通本科高校向应用技术型高校转型”的战略部署。[②]

2015 年，《教育部 国家发展改革委 财政部关于引导部分地方普通本科高校向应用型转变的指导意见》出台，为应用型本科高校指明了发展方向。当前，江苏、山东、河南等多省份已出台了引导部分普通本科高校向应用技术型高校转变的文件，通过项目建设和试点遴选的方式，给予高校支持。随着经济和科学技术的不断发展，社会对人

① 潘懋元. 我看应用型本科院校定位问题[J]. 教育发展研究，2007（Z1）：34-36.

② 赵新亮，张彦通. 地方本科高校向应用技术大学转型的动力机制与战略[J]. 高校教育管理，2015（2）：38-42.

才的需求逐渐多样化，既需要理论型人才，更需要面向生产、建设、管理、服务第一线的应用型人才，但是单一的人才培养模式并不能满足社会日益多样化的需要。《国家中长期教育改革和发展规划纲要（2010—2020 年）》强调，要“努力培养造就数以亿计的高素质劳动者、数以千万计的专门人才和一大批拔尖创新人才”。新建本科院校是地方本科院校向应用技术型高校转型的主体。新建本科院校应为地方社会和经济的发展培养大量的应用型高级专门人才，发挥自身在高等教育体系中的重要作用。这既能满足大众对高等教育的需求，促进社会的发展，也能促进高等教育自身的发展。①

（二）地方本科院校转型发展中面临的挑战

部分地方本科高校向应用技术型高校转型，是地方本科院校科学发展的必然选择。地方本科院校由地方投资、地方举办、地方就业，理应承担为地方经济社会发展服务的功能。王洪才教授指出，“尽管不少新建本科院校也认为自己应该走应用型、地方化的特色发展道路，但始终不知道该怎样走，最终的结果仍然与传统本科发展模式趋同”②。因此，部分地方本科院校应另辟新径，从传统学术型或研究型本科向应用型本科转型，走特色发展和错位发展道路。这样，地方本科院校通过在高等教育大众化生态中进行合理定位，既避免了在同传统大学的竞争中处于劣势，又有利于发挥自身优势。

当前理论界和实践界均已达成共识，即一些地方本科院校应定位为应用型本科，人才培养目标主要以应用型人才培养为主。但是在实践中，部分地方本科院校的改革尚主要集中在改善基本办学条件上，

① 潘懋元，王琪．从高等教育分类看我国特色型大学发展[J]．中国高等教育，2010(5)：17-19.

② 王洪才．新建本科院校：转型发展还是跨越发展——兼评顾永安等著《新建本科院校转型发展论》[J]．黑龙江高教研究，2013（3）：55-57.

对办学理念、人才培养目标、课程建设和教学管理制度等方面还缺乏清晰的认识。潘懋元先生指出，“不少院校，表面上响应，实际上徘徊；即使转型目标明确了，也存在体制机制转型、课程教材转型、教学过程与教学方法转变，以及双师型教师队伍的建设等等实际问题”①。因此，需要对应用技术型高校展开研究以供借鉴，以期对应用技术型高校人才培养、课程建设起到一定的指导作用。

（三）应用技术型高校课程建设影响其人才培养质量

课程建设是高校人才培养模式的主要构成部分，是落实学校办学理念、实现学校人才培养目标的主要途径，在很大程度上决定着人才培养的质量。因此，部分地方本科院校要真正实现向应用技术型高校转型，加强学校课程建设是至关重要的。2018 年 11 月，教育部部长陈宝生在 2018—2022 年教育部高等学校教学指导委员会成立会议上的讲话中强调，“要全面梳理各门课程的教学内容，淘汰‘水课’、打造‘金课’，合理提升课程挑战度和高阶性，切实提高课程教学质量”②。因此，向应用技术型转型的地方本科院校，应该积极探索课程建设的新方案，构建起符合人才培养目标要求的课程体系。这将有助于该类院校克服同质化倾向，有助于践行高等学校分类发展的理念，有助于培养应用技术型人才。

高校课程是高校教育教学活动的重要载体，课程质量的高低影响着高校的人才培养质量。在高校人才培养过程中，课程与教学活动始终贯穿其中，“教师的教，学生的学，尤其是本科生教学，主要围绕课程来展开”③。有人认为，地方性普通本科院校，特别是近些年来新建的一批本科院校培养出来的学生“上不够天，下不着地”，既没有

---

① 潘懋元. 对《应用型高等教育研究》的期望[J]. 应用型高等教育研究，2016（1）：7.

② 陈宝生. 全面把握新时代要求 全面振兴本科教育[EB/OL]. [2018-11-01]. https://news.gsau.edu.cn/info/1075/41680.htm.

③ 刘献君. 论大学课程设计[J]. 高等教育研究，2018（3）：51-57.

传统本科院校学生的研究能力和理论水平，又缺乏高职高专院校学生的吃苦耐劳精神和动手能力，其结果是基础不实、能力不强、素质不高，未达到本科人才培养的基本质量。[①]当前应用技术型高校积极探索改革发展道路，明确了办学定位，提高了办学水平。但不容否认的是，当前应用技术型高校在人才培养方面尚未形成自己的特色，社会认可度偏低。应用技术型高校要形成人才培养特色，就必须建设有特色的课程，如果课程建设抓不好，那么人才培养质量将无法得到保证。

（四）应用技术型高校课程建设面临理论困惑

应用技术型高校已经引起许多学者的关注，学者大多聚焦在应用技术型高校办学定位、办学战略、师资队伍建设等方面进行研究。课程建设对高校人才培养质量的提升是至关重要的。虽然目前大学课程理论研究已经引起人们的关注，但关于应用技术型高校课程的研究比较缺乏。应用技术型高校课程建设由于缺乏理论指导，依然存在模仿重点大学和老牌本科院校的问题，这与应用型人才培养目标不相契合，由此导致应用技术型人才培养目标不能落到实处。所以，加强对应用技术型高校课程建设的研究，为应用技术型高校课程建设提供亟须、有针对性的理论指导就显得十分必要。

二、应用技术型高校课程建设的研究意义

（一）理论意义

1. 践行高等学校分类发展的理念

1993 年颁布的《中国教育改革和发展纲要》就提出，制定高等学

① 钱国英，徐立清，应雄. 高等教育转型与应用型本科人才培养[M]. 杭州：浙江大学出版社，2007：17.

校分类标准和相应的政策措施，使各种类型的学校合理分工，在各自的层次上办出特色。《国家中长期教育改革和发展规划纲要（2010—2020 年）》明确提出，要建立高校分类体系，实行分类管理；发挥政策指导和资源配置的作用，引导高校合理定位，克服同质化倾向，形成各自的办学理念和风格，在不同层次、不同领域办出特色，争创一流，并强调高等教育要“重点扩大应用型、复合型、技能型人才培养规模”。当前的高校存在功能定位趋同、办学特色不鲜明、人才培养同质化等问题。国家通过制定相应的政策和高等学校分类标准，以引导高校分类发展，办出特色，提升人才培养能力，为社会经济发展提供人才保障和智力支撑。

向应用技术型高校转型的高校，在办学定位、人才培养目标、专业课程设置等方面应进行积极探索，争办一流大学，建设一流专业和一流课程，培养一流应用技术型本科人才。应用技术型高校的课程建设依然模仿老牌本科院校的课程模式，会导致培养的人才既不像学术型人才那样具备很强的学术性，也不像高职技能型人才那样具备很强的操作性，由此造成教育资源的巨大浪费，影响人才培养的质量。因此，应用技术型高校应构建科学、合理的课程体系，以使自身人才培养目标落到实处，践行高等学校分类发展的理念。

2. 研究课程建设有助于丰富我国大学课程与教学的理论

随着高等教育改革的不断深入，高校课程改革引起学者和高校的关注。目前我国许多学者更多聚焦在高等教育的宏观领域，如对大学理念、体制改革、战略规划等进行研究。潘懋元先生期望更多理论研究者能关注高等教育微观领域的研究，“重视微观教学过程方面的研究，包括课程、教材、教法，也包括评估，等等。这样，才能使我们高等教育研究真正深入实践中去”[①]。我们在继续关注“形而上”（如

① 潘懋元. 高等教育研究要更加重视微观教学研究[J]. 中国高教研究，2015（7）：1.

大学精神、办学理念、发展战略）的研究的同时，应更加重视“形而下”（如教学内容与课程设计、教材及教材体系的更新、教学艺术）的研究。[①]

由于西方“建构主义”和“后现代”等理论与研究范式的引入，以及 20 世纪 90 年代后期我国开始实施新一轮基础教育课程改革，基础教育课程与教学理论研究成为热门，并且取得了丰硕的研究成果。与基础教育课程研究蓬勃发展相比，我国高等教育课程研究相对匮乏，学者还没有将课程与教学研究放在重要的位置，对其关注度还远远不够。我国已从高等教育大众化阶段迈向普及化阶段，高等院校的层次和类型呈现出多样化特点，并且高等教育的对象也发生了变化，相应地推动了高等教育的课程和教学理念发生变化。因此，开展大学课程与教学理论研究是非常重要的。

（二）实践意义

1. 应用技术型高校的课程建设可以提高其人才培养质量

《国家中长期教育改革和发展规划纲要（2010—2020 年）》强调，将提高高等教育质量作为今后我国高等教育改革和发展的核心任务。课程是人才培养的核心要素和中心环节。教育实践就是以课程为轴心展开的。[②]课程建设是学校的一项核心工作，是学校最基本的教学建设，直接关系到学校的教育教学质量和人才培养质量。目前，应用技术型高校面临着毕业生就业困难的难题，要想解决就业问题，需要提高应用技术型高校的人才培养质量。

应用技术型高校的办学定位和人才培养目标的实现最终要通过课程来实现。大学生知识、能力和素质的协调发展需要科学、合理的

---

① 龚放. 课程与教学：高等教育研究的潜在热点——对《高等教育研究》的一点期望[J]. 高等教育研究，2010（11）：24-26.

② 钟启泉. 现代课程论[M]. 上海：上海教育出版社，1989：3.

课程设置来实现。课程建设作为大学开设课程的制度与安排，集中反映了大学的培养目标和专业的培养方向。因此，构建科学、合理的课程建设体系，有助于大学人才培养质量的提高。

2. 从课程建设入手有助于应用技术型高校形成办学特色

部分地方本科院校要想在高等教育竞争的夹缝中获得更好的生存和发展，就要另辟蹊径，在办学过程中形成自己的办学特色。部分地方本科院校应该根据自身的经费投入、生源特点、师资情况等现实条件办出自己的特色。唯有如此，应用技术型高校才能实现可持续、健康发展。

课程建设是落实办学特色的一个重要方面。因此，以课程建设为切入点，有助于应用技术型高校形成自身的人才培养特色。根据当前的社会人才结构和中国高等教育进入普及化阶段的实际，参照联合国教育、科学及文化组织（以下简称联合国教科文组织）《国际教育标准分类法》的框架，高等学校分为三种基本类型：学术性研究型大学、应用性本科、高职高专。在这三类高校培养的人才类型中，学术型人才在精英教育阶段已经积累了丰富的经验，技能型人才在近几年政策的推动下已经取得了一定的成果，应用型人才的培养方式、方法仍处于探索之中。[①]因此，课程建设要结合区域经济和高校自身的特点，构建适合学校的、有特色的课程建设，这样有利于应用技术型高校形成办学特色，提高人才培养质量，增强应用技术型高校的核心竞争力。

3. 为应用技术型高校课程建设提供指导

当前，应用技术型高校在课程建设方面尚未形成具有自身特色的课程。尽管我国部分本科院校有强烈的愿望转型为应用技术型高校，但在实际的实施过程中依然按照传统大学的办学思路，课程设置与传

① 潘懋元，吴玫. 高等学校分类与定位问题[J]. 黄河科技大学学报，2005（1）：1-5.

统大学趋同，无法彰显应用技术型人才的培养目标。[①]研究应用技术型高校的课程建设，可以为应用技术型高校的管理者和一线教师提供理论指导，使具体的实践活动做到有的放矢。因此，将课程建设作为抓手和突破口开展研究，可以为该类院校的课程建设提供理论指导，这不仅是本书研究的缘由所在，也具有实际应用价值。

第二节 应用技术型高校课程建设的基础

一、基本概念的阐释

（一）应用技术型高校

20 世纪 70 年代，经济产业结构发生变化，德国等一些欧洲国家为了满足经济社会的快速发展和工业化进程对高技能人才的需求，将一些基础好的高级专业学校与工程师学校合并，升格为应用技术大学，由此形成了一种新的高等教育组织形式——应用技术型高校。为了消除国际社会对应用技术大学的误解，德国将其英文名称定为“Universities of Applied Sciences”，于 1998 年正式使用，后经奥地利、荷兰和芬兰等国家的广泛使用，已成为当下一个较为流行的国际性名称。德国的“应用科技大学”与中国的“应用技术型高校”的含义比较相似。

在国家政策的积极引导下，我国部分地方本科院校积极地向应用技术型高校转型发展。应用技术型高校是一种新的高校类型。应用技术大学（学院）联盟和地方高校转型发展研究中心指出，“应用技术型高校（简称应用技术大学）不是一个大学名称，是产业转型升级和

① 孟艳. 台湾地区科技大学课程建设的基本特征与启示[J]. 高等理科教育，2018（1）：23-28.

产业技术进步的产物，是基于实体经济发展需求，服务国家技术技能创新积累，立足于现代职业教育体系，直接融入区域产业发展，集职业技术教育、高等教育、继续教育于一体的新型大学类型”①。还有学者认为,应用技术大学是职业教育和高等教育融合的教育组织形式，它以专业知识技能的应用为导向，立足于满足区域经济和社会发展需求，根本任务是培养高层次的应用技术型人才等。②

总之，应用技术型高校立足于地方经济社会发展，突出教学性、应用性和职业性的办学特点，是以培养应用型本科人才为核心的一种高校类型。

（二）大学课程

“课程”一词最早是由英国著名哲学家、教育家斯宾塞（Herbert Spencer）在 1859 年的《什么知识最有价值》（*What knowledge is most worth*）一文中提出来的，是指“教学内容的系统组织”。③1918 年，美国教育学者博比特出版了《课程》（*The Curriculum*）一书，标志着课程开始从教育研究中分化出来并成为一个独立的研究领域。④在西方，课程“curriculum”是从拉丁语“currere”一词派生出来的，意为“跑道”（race-course）。根据这个词源，最常见的课程定义是“学习的进程”（course of study），简称学程。⑤在我国，课程一词始见于

---

① 应用技术大学（学院）联盟，地方高校转型发展研究中心. 地方本科院校转型发展实践与政策研究报告[R/OL]. [2014-01-13]. https://wenku.baidu.com/view/1e6c9c3feff9aef8941e0691.html.

② 童夏雨. 应用技术大学的概念内涵、基本特征及建设路径[J]. 中国职业技术教育，2016（12）：36-42.

③ Spencer H. Education: Intellectual, Moral and Physical[M]. New York: D. Appleton and Company, 1859: 84-85.

④ 转引自张华. 课程与教学论[M]. 上海：上海教育出版社，2001：1.

⑤ 施良方. 课程理论——课程的基础、原理与问题[M]. 北京：教育科学出版社，1996：3.

唐宋期间，宋代朱熹的《朱子全书·论学》中曾多次提及课程，如“宽着期限，紧着课程”“小立课程，大作工夫”[①]等，其含义与现代课程的含义比较接近。虽然朱熹在其著作中并没有对课程进行明确的界定，但其意思还是比较清楚的，即指功课及其进程。

关于课程的概念众说纷纭，人们往往根据自己的学业背景、理论框架、看问题的角度和分析问题的方法等对课程的概念做出不同的诠释。1973 年，美国课程理论专家鲁尔在其博士论文《课程含义的哲学探索》中列出了课程的 119 种定义。[②]我们在谈论课程时，往往谈论的是不同层次的课程。美国学者古德莱德（J. I. Goodlad）认为存在五种不同层次的课程：理想的课程（ideological curriculum），是指由一些研究机构、学术团体和课程专家提出的应该开设的课程；正式的课程（formal curriculum），是指由教育行政部门规定的课程计划、课程标准和教材，也就是列入学校课程表中的课程；领悟的课程（perceived curriculum），是指任课教师所体会的课程；运作的课程（operational curriculum），是指课堂上实际实施的课程；经验的课程（experiential curriculum），是指学生实际体验到的课程。[③]

课程是指学校为了实现人才培养目标而开设的学科及其目的、内容、范围、活动、进程等的总和。关于大学课程的概念，国内的高等教育学界虽有不同的论述，但都指向“大学教学内容的体系”，并注重从“过程”角度分析大学课程。潘懋元和王伟廉认为，“课程是指学校按照一定的教育目的所建构的各学科和各种教育、教学活动的系统”，并将课程分解为“目标的确立与表述”“课程内容的选择与组织”“课程实施与评价”三个环节。[④]实际上，这三个环节包括课程目标、课

---

① 转引自张华. 课程与教学论[M]. 上海：上海教育出版社，2001：66.
② 乔治·A. 比彻姆. 课程理论[M]. 黄明皖译. 北京：人民教育出版社，1989：169.
③ 施良方. 课程理论——课程的基础、原理与问题[M]. 北京：教育科学出版社，1996：9.
④ 潘懋元，王伟廉. 高等教育学[M]. 福州：福建教育出版社，1995：127.

程内容、课程实施和课程评价四个要素。季诚钧将大学课程的定义分为广义和狭义两类：广义的大学课程即大学教学计划或人才培养方案中安排的所有活动；狭义的大学课程即一门具体教学科目。[①]

大学课程与中小学校课程既有共性也有差异性，就共性而言，它们都是学校根据一定的教育理念设计的、服务于学生发展要求的教学科目，有着明确的目的性、计划性和内在逻辑性等特点；就差异性而言，由于高校与中小学校的教育对象和教育目的不同，设计课程所依据的理念也是不同的，因而课程类别、内容、教学形式与要求等都有较大的差异。[②]正如潘懋元和王伟廉所指出的，大学课程的特殊性在于其“与经济、政治、文化发展之间具有直接的关联性、与高深科学文化之间的关系、与个人发展及完善之间的关系”[③]。根据不同的维度，大学课程可划分为不同的类型。按照学科功能的不同，大学课程可以分为通识教育课程、专业基础课程、专业课程等；按照学习要求的不同，大学课程可以分为必修课程和选修课程等；按照培养学生能力的不同，大学课程可以分为理论课程和实践课程；等等。根据课程的基本内涵、相关定义及研究的需要，本书中的大学课程是指高校为了实现规定的人才培养目标而建构的各教学科目和教学活动，包括人才培养方案中安排的课程体系和各门具体教学科目。大学课程具体包括课程教学、实验实习、实践教学、第二课堂等教学和培养环节。

（三）大学课程建设

就课程建设而言，本书主要从课程建设范围来考察。王伟廉认为，课程建设包括宏观课程建设和微观课程建设，宏观课程建设是指培养方案的建设问题，与人才培养模式改革联系在一起；而微观课程建设

---

① 季诚钧. 大学课程概论[M]. 上海：上海教育出版社，2007：5.

② 别敦荣，王根顺. 高等学校教学论[M]. 北京：高等教育出版社，2008：305.

③ 潘懋元，王伟廉. 高等教育学[M]. 福州：福建教育出版社，1995：127.

是指单门课程建设。[①]潘懋元和周群英认为，高校课程建设可分为几个层次，即课程理念、人才培养方案编制、单门课程的教材编写、教学、课程评价。[②]还有的学者将课程本身建设和课程建设保障条件放在一起进行分析，认为课程建设主要包括专业设置、课程设置、内容选择、教材建设、师资队伍建设、教学方法、教学手段、教学组织与教学管理等方面的系统建设。[③]

综合以上分析可以看出，课程建设是指对课程本身的建设，如课程目标、课程内容、课程实施以及课程评价等要素，此外还包含课程建设保障条件。依据课程开发理论，本书所指的课程建设是狭义的课程建设，是依据现有条件和课程现状，优化课程的各相关要素，以便发挥课程功能的相关活动，主要包括课程目标、课程结构、课程内容、课程实施、课程评价，同时考虑实现课程建设的保障条件，以持续改进课程建设。

二、境内外关于应用技术型高校课程建设的研究现状

（一）境内研究现状

随着我国高等教育迈向高等教育普及化阶段，有关应用型本科或应用型本科人才培养的问题引起人们的广泛关注，成为现阶段高等教育的重点发展任务。关于应用型本科教育研究主要从地方本科院校转型、应用型本科高校转型中的课程建设等方面收集、分析有关文献。

---

① 王伟廉. 高等学校课程研究导论[M]. 广州：广东高等教育出版社，2008：179.

② 潘懋元，周群英. 从高校分类的视角看应用型本科课程建设[J]. 中国大学教学，2009（3）：4-7.

③ 陈璐，刘奇军. 近十年来我国高校课程建设理论与实践述评[J]. 吉首大学学报（社会科学版），2007（3）：161-164，176.

1. 关于应用技术型高校的内涵研究

应用技术型高校作为一种新型高校类型，不同学者对其内涵有不同的理解。应用技术大学（学院）联盟成员专家吴仁华认为，应用技术型高校是基于实体经济发展，直接融入区域经济发展，集高等教育、职业技术教育和继续教育于一体的新型大学。①有学者认为，技术应用型本科院校从概念表述上就明确了其办学的类型定位，即它是技术应用教学型的一般本科高校，以培养技术应用型高级专门人才（本科教育和一定的研究生教育）为主要任务，此类院校的科技贡献应以技术的应用研究为主。②也有学者指出，高等职业教育建立了以职业岗位能力为目标的职业性人才培养体系。人才培养目标以服务为宗旨，以就业为导向，面向社会发展需要和生产服务一线，为社会主义现代化建设培养高素质劳动者和技术技能人才。③还有学者认为，应用技术大学是以应用科技为特色，以服务地方（行业）为主旨，以产学研一体化、校企合作育人为人才培养模式的应用技术类型高校。④从以上分析可以看出，应用技术型高校人才培养以服务地方和就业为导向，是培养理论与实践并重的高级应用型人才的高等教育。

2. 关于应用技术型高校课程建设的基本特征研究

应用型本科培养的是理论基础扎实、专业知识面广、实践能力强、综合素质高的高级应用型专门人才。有学者认为，应用技术型本科最为重要的是以应用技术型人才培养目标定位为核心，构建与之相对应的课程体系与课程质量标准体系。⑤还有学者指出，课程建设以工作

---

① 吴仁华. 建设应用技术大学需要解决六个问题[N]. 中国教育报，2014-05-12（10）.

② 夏建国. 技术本科教育概论[M]. 上海：东方出版中心，2007：9.

③ 张应强，蒋华林. 关于地方本科高校转型发展若干问题的思考[J]. 现代大学教育，2014（6）：1-8，112.

④ 刘海峰，顾永安. 我国应用技术大学战略改革与人才培养要素转型[J]. 职业技术教育，2014（10）：11-16.

⑤ 董立平. 地方高校转型发展与建设应用技术大学[J]. 教育研究，2014（8）：67-74.

要求为目标，以能力培养为主线，以学科知识为基础，以工作过程性知识为重点。①有学者认为，应用技术型本科课程开发是一个由高校与企业、行业全方位合作，面向职业岗位群，遵循技术技能应用的科学结构，通过课程目标的确定、课程内容的组织与选择、课程的实施和课程评价等，系统、完整地规划、编制出一个或一类应用技术型本科课程的连续的、系统的过程。②有学者认为，应用技术型本科有别于普通本科和高职，课程开发既要厚基础，又要重实践，要注重对应用技术型人才的创新能力、解决问题能力和实践动手能力的培养。③还有学者认为，应用技术型高校的课程建设应当呈现出课程设置的灵活性和适应性、课程体系的基础性和多元性、实践教学内容体系的应用性和开放性等特点。④

3. 关于地方本科高校转型中课程存在的主要问题研究

（1）课程建设趋同化和盲目性较大

当前，学者对应用技术型课程建设的研究不多，缺乏课程理论指导，导致课程设置不合理。有学者认为，当前地方本科院校转型过程中的课程设置存在公共基础课程结构不合理、专业课程在转型过程中未成功、课程设置缺乏特色等问题。⑤应用技术型高校仍按照学科逻辑组织课程，过于强调知识的系统性和理论性。有学者认为，地方本科高校课程目标设计中缺失职业需求，课程内容的选择以知识为本位，

---

① 邓海生，王引卫. 新建本科院校应用型本科教学课程模式的构建[J]. 陕西教育，2012（4）：47-48.

② 杨文博. 应用技术型本科课程开发的路径探索[J]. 职教通讯，2015（6）：1-4，14.

③ 潘懋元. 应用型人才培养的理论与实践[M]. 厦门：厦门大学出版社，2011：147.

④ 顾永安. 关于新建本科院校转型发展的思考[J]. 教育发展研究，2010（3）：79-83.

⑤ 牟延林. 普通本科高校转型进程中课程改革的思考[J]. 中国高教研究，2014（9）：84-91.

课程评价仍然以学校评价为主，缺乏社会参与。[①]

（2）课程结构缺乏重心

应用技术大学（学院）联盟指出，当前高校的培养方案过于强调理论体系的系统性和完整性，实训、生产实习等工程实践类教学环节所占的比例明显不足，且由于条件所限，实践教学不能落到实处；采用大一统的课程设置，不同类别、不同层次高校之间的课程体系差别很小；使用的教材大多是统一的规划教材。[②]课程结构体现为：分科课程多，综合课程与交叉课程少；讲授传统知识的课程多，反映现代科技发展前沿的课程少；必修课程多，选修课程少；理论课程多，实践环节少，培养学生创新精神、创新能力与创新思维的课程更少。[③]

（3）课程内容重复了传统本科的课程模式

当前应用技术型高校的课程内容存在学术化倾向，重理论知识，轻实践知识。有学者认为，课程内容偏深、偏难、偏窄，所学理论脱离实际，模糊了学术型本科教育和应用型本科教育的区别，偏离了对学生应用能力的培养。课程内容大多是按照学科的逻辑结构来组织的，过于强调知识的系统性。[④]有学者认为，课程内容与实践脱节，导致“学”与“做”分离，课程内容与实践脱节主要表现为通识教育课程多，尤其是外语性、政治性等工具知识较多，与技能学习无关；专业课程理论知识多；实践教学所占学分比重低且缺乏规范的考核标准。[⑤]

---

① 应用技术大学（学院）联盟，地方高校转型发展研究中心. 地方本科院校转型发展实践与政策研究报告[R/OL]. [2014-01-13]. https://wenku.baidu.com/view/1e6c9c3feff9aef8941e0691.html.

② 高有华. 高等教育课程理论新探[M]. 镇江：江苏大学出版社，2009：266.

③ 朱永江. 新建地方院校应用型本科课程体系建构取向[J]. 现代教育科学（高教研究），2010（1）：72-73，76.

④ 朱永江. 新建地方院校应用型本科课程体系建构取向[J]. 现代教育科学（高教研究），2010（1）：72-73，76.

⑤ 靳玉乐，廖婧茜.我国大学卓越应用技术型人才培养的改革探索——基于德国应用技术型人才培养经验的探索[J]. 西南大学学报（社会科学版），2017（6）：60-66，194.

（4）师资对课程实施效果的影响

课程实施是指课程计划付诸实践的过程，是达到预期课程目标的基本途径，是课程改革过程中的一个实质性阶段。[①]应用技术型高校师资的缺乏是制约课程实施的瓶颈。有学者指出，当前我国应用技术型高校发展的瓶颈就是师资力量薄弱，特别是双师型师资缺乏。[②]此外，应用技术型高校师资严重短缺，而且新聘任的年轻教师学历普遍较高，但实践动手能力较差。

（5）课程评价对传统评价方式的依赖

课程评价是教育评价的重要组成部分，也是课程发展活动中不可缺少的一部分。在课程评价方面，不少应用技术型高校还在沿用传统的评价方式，主要评价主体还是学校，无法推进课程建设的有效开展。有学者认为，大学课程的评价主要由掌握学科知识的大学教师来主导，评价内容主要是体现学科逻辑的专业知识和技能，评价手段则主要是对学生的学业成绩进行终结性评价。[③]

4. 关于应用技术型高校课程建设策略的研究

应用技术型高校课程建设在一定程度上保障了高校本科人才培养目标的落实，反映了学校办学定位与人才培养特色，决定了课程功能的发挥。所以，关于应用技术型高校的课程建设，学者从不同角度提出了自己的建议。

（1）建立应用型课程体系建设

课程是应用技术型高校转型的核心要素，通过建设应用技术型高

---

① 牟延林. 普通本科高校转型进程中课程改革的思考[J]. 中国高教研究，2014（9）：84-91.

② 田华，李燕，夏勇.《中国制造 2025》背景下应用技术大学人才培养定位与转型[J]. 职业技术教育，2017（31）：27-31.

③ 聂永成，董泽芳. 知识生产模式转型背景下应用型高校课程变革的路径探讨[J]. 湖北社会科学，2020（1）：144-150.

校课程体系，以便实现应用技术型本科人才培养目标。有学者提出“四真三化”的应用型课程设计原则，“四真”是指“按照真实环境、真学真做、掌握真本领的要求开展教学活动”，“三化”是指“工作任务课程化、教学任务工作化、工作过程系统化”。[①]有学者指出，应用技术型高校要实现由传统课程体系向应用型课程体系的转型，逐步建立以社会需要和职业需要为核心、以技术能力培养为本位的应用技术型高校课程体系。[②]潘懋元和贺祖斌指出，课程、教材是转型发展的核心，传统的学术型精品课程、统一教材要转变为应用型课程和教材；传统的“以教为主”的传授方法要转变为“以学为主”的传授方法，课堂教学与实训并重，将教学、科研融为一体，以创新推动产学研的深度融合。[③]有学者认为，应用技术型高校应以应用型本科人才培养为目标，将通识教育与专业教育相结合，以学科为基础、应用为导向构建课程体系，以产学研结合为主要培养途径，以行动为导向应用教学方法，以能力为取向进行教学评价，教师队伍注重理论与实践相结合。[④]

（2）课程结构上实行多元化

应用技术型高校课程设置要服务应用型人才的培养规格。有学者提出，应用技术型高校课程结构既不能完全以学科知识为体系，也不能完全以岗位标准为体系，而是应以行业科技为主要体系。行业科技体系分化与整合的复杂性，反映了课程设置的综合性。[⑤]有学者认为，

---

① 曹勇安，任志新. 应用型课程建设的原则、方法与评价[J]. 职教论坛，2020（12）：67-73.

② 刘海峰，顾永安. 我国应用技术大学战略改革与人才培养要素转型[J]. 职业技术教育，2014（10）：11-16.

③ 潘懋元，贺祖斌. 关于地方高校内涵式发展的对话[J]. 高等教育研究，2019（2）：34-38.

④ 孔繁敏等. 应用型本科人才培养的实证研究——做强地方本科院校[M]. 北京：北京师范大学出版社，2010：122.

⑤ 史秋衡，王爱萍. 应用型本科教育的基本特征[J]. 教育发展研究，2008（21）：34-36.

高校应使用“平台+模块”的课程结构，改变传统“公共基础课、专业基础课、专业课”这一过窄的课程结构。“平台”课程是保证学科大类人才的基本规格和全面发展的共性要求，“模块”主要是为实现不同专业方向人才的分流培养，体现个性。[①]关于“平台+模块”的课程结构，有学者误认为该课程结构就是采用了职业本位理念。但是，有学者指出，“平台+模块”的课程结构并非判断是否应用了职业本位理念的标准，知识本位理念下的课程也可以是“平台+模块”结构，关键是看课程的逻辑起点是知识还是职业。[②]

应用技术型高校课程设置要强化实践教学育人。对于培养应用型人才，实践教学是其不可缺少的环节，因为实践教学是培养与提高学生实践能力和综合能力的最有效手段。课程的总体设计应注重实践课程和实践环节，加大实践环节的训练比重，丰富实践教学形式。实践教学中要加大综合性、设计性实验所占的比重，使其逐渐在实践教学中占据主导位置。一般应使实践教学的学时保持在总学时的 1/3 左右，在设计理论教学的基础上安排一定的实践教学。[③]

（3）在课程内容上要兼顾多方面的需求

应用技术型高校课程内容要满足考量学校、学生、企业等方面的需求。有学者认为，应用技术型高校的课程内容结构应该更多地体现问题情境，这就要求单门课程的内容选取应该更多地关注社会现实问题,并将解决社会现实问题的实践知识作为主要内容纳入专业课程中，实现课程内容选择的应用性。[④]

---

① 徐同文. 大学课程设计[M]. 北京：教育科学出版社，2011：9.

② 方泽强. 本科层次职业技术教育的人才培养目标及现实问题[J]. 职业技术教育，2019（34）：6-11.

③ 常汉东. 地方本科院校应用型人才培养的课程模式构建[J]. 黑龙江高教研究，2007（11）：55-57.

④ 聂永成，董泽芳. 知识生产模式转型背景下应用型高校课程变革的路径探讨[J]. 湖北社会科学，2020（1）：144-150.

（4）在课程实施上要注重效益提高

课程实施是否有效直接决定着课程改革的效果如何。教师要善于运用多种方法实现课程实施方式的多样化。在课程实施形式上，教师要改变单一的教学方法，由学生被动学习变为学生主动学习，强调“做中学”，只有这样才有利于培养学生各方面的能力。有学者指出，教师要转变教学方式，突破传统灌输式教学方式，不断加强师生互动、生生协作的探究式教学方式。①

（5）在课程评价上突出能力

高等学校的课程评价是进行高等学校课程实践和课程改革不可忽视的环节，也是课程发展活动中不可缺少的一部分。有学者指出，普通高校向应用技术型高校转型要改变传统的以学校为单一主体的内部评价方式，加强企业、行业外部评价主体在课程评价上的作用，推进专业课程内容与职业标准相衔接，实现学校人才培养与用人单位需求相匹配的双赢局面。②

（6）课程实施的师资保障

由于教师职前教育的学术性和职后教育制度的不完善，教师素质与培养应用型人才的需求之间存在一定的差距。对于如何加强师资队伍建设，有学者指出，应用技术型高校急需打造专兼结合的双师型教师队伍。优质教师队伍的建设，可以通过院校培养、规范准入标准以及在职研训等方式进行。③另有学者指出，一方面，应用技术型高校课程实施要以高校为主体，改革和调整应用型本科教师队伍建设的思

---

① 梁秀生，顾永安，王中教. 回归与创新：应用型人才培养模式改革探析——基于高质量就业视角的审视[J]. 职业技术教育，2018（34）：37-42.

② 尹金金. 第三方评价在职业教育课程开发中的应用[J]. 中国职业技术教育，2014（14）：86-89.

③ 田华，李燕，夏勇.《中国制造 2025》背景下应用技术大学人才培养定位与转型[J]. 职业技术教育，2017（31）：27-31.

路；另一方面，其要以政府为主体，为应用型本科教师发展创设良好的制度环境。[①]还有学者指出，地方本科院校在师资建设中应该注重教师的实践经历这一块，注重与企业部门合作，弥补师资队伍实践经历短缺的不足，广泛吸收具有丰富的企业实践经验的中高级管理人员及技术人员作为兼职教师，与专职教师队伍组成一个整体。[②]

（二）境外研究现状

在高等教育发达的国家和地区，其应用型本科教育以及应用型人才培养经验值得我国借鉴。随着工业化的不断发展，发达国家和地区高度重视应用型本科教育以及应用型人才培养，许多国家都新建了区域大学和专门大学等。从国外应用型本科人才培养的研究现状来看，目前主要集中在德国、英国、日本等国家，主要是对其培养目标、学科专业设置、课程设置、教学方法、与企业的合作等方面的研究，仍十分宏观与抽象。

在英国，针对高等教育进入大众化之后面临着培养应用型人才的问题，英国政府出台了一些有关高等教育改革的政策性报告，提出应加强课程与工作世界之间的联系，如建议发展大学生的技能或能力。在政策的导向下，英国高等教育界也做出回应，从理论和实践层面探索能促进学生技能或能力发展的课程设置，代表性的著作如内维尔·班尼特（Neville Bennett）等的《高等教育和就业中的技能发展》（*Skills Development in Higher Education and Employment*）。[③]这些研究主要基于实证的视角对核心技能或可雇佣技能重新进行解读，将技能项目教学融入课程，并且提出构建应用型人才的课程模式。

① 刘国艳，曹如军. 应用型本科教师发展：现实困境与求解之道[J]. 国家教育行政学院学报，2009（10）：59-63.

② 王洪才. 地方本科高校转型：问题、挑战与回应[J]. 江苏高教，2016（3）：8-12，17.

③ 周群英. 应用型本科课程开发研究[D]. 厦门大学博士学位论文，2010：23.

博洛尼亚进程中的“欧洲教育结构调整计划”提出了一套适用于欧洲各国大学人才培养的能力指标体系，为欧盟成员国高等教育的课程改革提供了依据。能力包括一般能力（generic competence）和学科能力（subject competence）。在对相关学科技术人员和职业部门进行大量实证调研的基础上，“欧洲教育结构调整计划”还提出了教育、化学、商业、护理学等九大学科的专业能力标准。

一些发达国家和地区在应用型本科教育方面积累了丰富和成功的经验，因此，国际比较与借鉴也成为理论研究的重要内容。例如，徐理勤的专著《现状与发展——中德应用型本科人才培养的比较研究》较为全面地介绍了德国应用科技大学培养应用型人才可借鉴的经验，如构建实践教学体系、校企联系紧密等[①]。高林等在《应用性本科教育导论》一书中分析了德国应用科技大学、澳大利亚理工大学和中国台湾地区技职教育的课程模式，认为三种课程模式在培养应用型人才上既各具特色，又具有共性特征：不同程度地突破了学科本位的课程模式；非常重视实践教学；行业、企业和大学紧密联系；强调培养学生的通用能力和关键能力。[②]由于国际制度、历史发展、经济和文化等方面的影响，各国学者或机构对应用型本科课程建设的研究视角各有侧重，因此，我国在借鉴境外的研究成果时，需要对社会背景等方面进行深入了解。

三、境内外相关研究的述评与启示

已有研究聚焦于应用技术型高校的内涵、办学定位、办学战略、

---

① 徐理勤. 现状与发展——中德应用型本科人才培养的比较研究[M]. 杭州：浙江大学出版社，2008：前言.

② 高林等. 应用性本科教育导论[M]. 北京：科学出版社，2006：21-92.

学科专业等方面。就目前的研究来看，学者对应用技术型高校和应用型本科的内涵、课程建设仍处在探索之中，主要集中在以下几个方面。

（一）已有研究的贡献

1. 集中在应用技术型院校宏观研究

已有研究主要集中在办学定位、办学思路、办学战略、学科专业和师资力量等方面。部分地方本科院校向应用技术型高校转型，应该转什么、如何转，成为高校管理者和学者关注的热点。目前对应用技术型高校的研究主要集中在办学理念、办学定位等宏观方面，这些方面的研究可以为高校办学理清思路，也可以为以后的研究奠定良好的基础。

2. 开始关注应用技术型高校人才培养模式

研究者指出，地方本科院校向应用技术型高校转型中，转型目标明确了，但是体制机制、教育教学理念、课程和教学等方面还未达到真正转型，尤其是以课程改革为核心的人才培养是转型的关键和难点。当前，应用技术型高校在一定程度上存在课程建设的趋同化和盲目性、课程结构缺乏重心、课程实施效果不理想等问题。

3. 构建适合应用技术型高校的课程模式

研究者认为，目前应用技术型高校课程建设不应该模仿、照搬研究型本科院校的课程模式，而是应该根据地方和区域经济发展需要、学校办学条件、生源状况和师资情况等，根据区域（地方）行业、企业发展的实际需要以及产业转型升级和技术发展的最新需求，构建应用技术型高校的课程模式，加快应用技术型高校的内涵建设，形成办学特色，提高人才培养质量，实现可持续发展。

（二）已有研究存在的问题

1. 理论探索验证不足

已有研究以思辨研究为主，缺乏深入的实证调查和研究，有关课程与课程建设的实证研究较少。虽然有些学者开始用实证方法来研究大学课程，但是从整体上讲，课程建设缺乏实证数据的支撑，往往造成研究的主观性强于客观性，研究结论缺乏针对性。此外，已有研究对国外经验引进我国的适用性缺乏深入分析。

2. 缺乏对应用技术型高校课程建设的系统研究

学者对应用技术型高校的研究多集中在宏观方面，即办学定位、办学战略等，对应用技术型高校课程方面的研究较少，并且关于课程方面的研究大多集中在某个专业或者某个课程要素上。整体来看，已有研究相对来说还比较零散,对应用技术型高校的课程建设缺乏指导。

3. 提出的大学课程改革策略缺乏可操作性

在已有研究中，学者从各个方面提出了大学课程建设的改革策略，其中虽然有很多建设性的意见，但仍有不少意见存在缺乏可操作性的问题。一些学者对大学课程泛泛而谈，针对不同层次、不同类型的高校课程建设的研究较少，且缺乏相应的具体指向性和可操作性。在研究培养目标时，学者大多是分析学校培养目标或专业培养目标，尚未对学院培养目标、课程体系和单门课程目标、教学目标等进行深入分析，对于目标之间是否具有层级性、是否落实到具体的课程与教学中等问题尚需进行进一步研究。

总之，关于应用技术型高校课程建设的研究还需要获得学者更多的关注。目前一些应用技术型高校在不断探索其人才培养模式，在课程建设方面不断改进。应用技术型高校应立足于区域经济发展、地方本科院校实际情况和学生需求等，借鉴境内外对应用型本科教育和应用型本科人才的研究，构建应用技术型高校课程体系，建立应用技术型高校课程建设的实现与保障机制。本书通过系统研究应用技术型高校课程建设，希望为其提供一定的指导，以便实现应用型本科人才培养目标。

第三节 研究思路、内容与方法

一、研究思路

本书遵循先理论解析后实践把握、从剖析问题到策略提出的研究思路，首先，阐释应用技术型高校课程建设的内涵、理论基础等，分析地方本科院校向应用技术型高校转型的动力；其次，对我国 12 所应用技术型高校本科人才培养方案的文本进行分析，并对其中 6 所应用技术型高校的课程建设现状进行问卷调查和深度访谈，旨在把握应用技术型高校课程建设的现状及存在的问题；再次，对德国应用科技大学和中国台湾地区科技大学的课程建设进行案例研究；最后，批判性地借鉴德国应用科技大学和中国台湾地区科技大学的本科人才培养经验，同时放眼世界，提出应用技术型高校课程建设的策略，并提出应用技术型高校课程建设的实现与保障机制。

二、研究内容

本书以应用技术型高校课程建设为研究对象，旨在全面考察地方本科院校向应用技术型高校转型的动力机制，以及应用技术型人才培养目标定位与规格、课程建设的现状和存在的主要问题，提出应用技术型高校课程建设的基本思路、原则、路径等。具体研究的内容主要包括以下方面。

（一）应用技术型高校课程建设的理论阐释

本书主要探讨部分地方本科院校向应用技术型高校转型的动因、应用技术型高校的基本特征、应用型本科人才培养目标的素质结构、应用技术型高校的课程模式、应用技术型高校课程建设的知识生产模式Ⅱ、课程开发的理论基础。

（二）应用技术型高校课程建设的实证分析

一是从东部、中部、西部分别抽取 4 所应用技术型高校，共 12 所案例高校，对这 12 所案例高校的通信工程专业的本科人才培养方案进行文本分析，对其课程建设进行分析比较，以了解课程设置情况。二是抽取其中 6 所应用技术型高校，对其课程建设进行问卷调查以及访谈，以便把握和了解应用技术型高校课程建设的现实情况及存在的问题。

（三）境外典型案例研究

德国应用科技大学和中国台湾地区科技大学在应用型人才培养方面独具特色，它们在课程建设方面的成功经验值得借鉴。本书选取了德国的汉诺威应用科学大学、中国台湾地区的正修科技大学进行案例研究，希望总结出它们在课程建设上独具特色的特征，进而为我国境内应用技术型高校的课程建设提供启示和借鉴。

（四）应用技术型高校课程建设的对策

本书通过文本分析法、文献调查法、访谈调查法等了解应用技术型高校的课程建设现状，分析高校课程建设存在的主要问题，借鉴德国应用科技大学、中国台湾地区科技大学等在课程建设方面的成功经验，提出适切我国境内应用技术型高校课程建设的思路、基本原则、路径等。

（五）应用技术型高校课程建设的实现保障

应用技术型高校课程建设需要国家、地方政府、学校层面等的保障。国家从政策和经费方面提供支撑，地方政府为高校和企业塔建桥梁，高校与企业积极主动合作，深度融合、协同育人。

三、研究方法

依据本书的研究思路与研究内容，本书综合运用文献研究法、案例研究法、调查研究法等多种研究方法，在研究中强调理论探索与实证分析有机结合、调查研究和文献研究有机结合、定性研究和定量研究有机结合，以实现理论与实践的互动。

（一）文献研究法

文献研究法是对以往文献进行梳理和分析，以获得对某一问题的科学认识的研究方法。本书主要利用中国知网、万方数据库等电子资源库和国内外的书籍、网站来查阅和整理有关应用技术型高校课程建设的大量研究成果，旨在较为客观地把握应用技术型高校课程建设的研究现状，为进一步研究奠定基础。具体来说，本书主要对我国东部、中部和西部共 12 所应用技术型高校的本科人才培养方案进行了文本分析，旨在把握我国应用技术型高校课程建设的现状及存在的问题。

（二）案例研究法

本书主要选取了德国的汉诺威应用科学大学、中国台湾地区的正修科技大学作为研究对象，对其课程建设进行了全面、系统的研究，总结了其在课程建设方面的成功经验，探讨了其独具特色的办学特征，为我国境内应用技术型高校课程建设提供借鉴与启示。

（三）调查研究法

本书主要采用问卷法、访谈法等调查方法，主要以学校领导者、管理者、在校大学生、教师、用人单位为调查对象，收集相关定量研究数据，以客观、全面地了解应用技术型高校课程建设的实践运行和建设发展状况。

第二章　应用技术型高校课程建设的相关理论

《国家中长期教育改革和发展规划纲要（2010—2020年）》强调，高等学校要“合理定位，克服同质化倾向，形成各自的办学理念和风格，在不同层次、不同领域办出特色，争创一流”。实际上，无论是促进社会发展还是高校实现自身发展,分类发展都是高校的必然选择，这样才能防止高等教育发展的趋同化，避免无序竞争。地方本科院校向应用技术型高校转型可促进社会经济发展，优化高等学校结构的布局。因此，应用技术型高校办学定位必须结合学校的自身实际，明确地方和区域经济发展对人才培养、科学研究和社会服务的实际需要，争创一流大学，培养一流应用型本科人才。本章对我国应用技术型高校的基本特征与人才培养规格进行分析，并在此基础上构建应用型人才课程建设的基本框架。

第一节　地方本科院校向应用技术型高校转型的动因

当前，地方本科院校面临着经济结构的调整、产业技术的快速发展，以及社会经济发展对人才的多样化需求，这些均对地方本科院校产生了很大冲击，需要其对外部环境做出积极回应。因此，在国家政策的引导和号召下，部分地方本科院校向应用技术型高校转型，是顺应经济结构调整、社会转型和高等教育发展的必然趋势。[①]

一、产业结构升级的需求

随着我国经济结构的战略性调整、科学技术的迅速发展、产业结构的不断升级，新产业、新业态、新模式和经济增长新动能不断涌现，社会对技术人员的要求越来越高，所以需要在本科层次培养一大批生产、建设、管理、服务第一线的高素质应用型人才。《国家中长期教育改革和发展规划纲要（2010—2020 年）》强调，高等教育要适应国家和区域经济社会发展需要，重点扩大应用型、复合型、技能型人才培养规模。2015 年 5 月，国务院印发《中国制造 2025》，制定了 2025 年迈入制造强国行列的宏伟目标，为应用技术型高校的发展提供了机遇。

从不同产业的人才需求来看，第三产业需要的人才数量最多。《国民经济和社会发展第十三个五年规划纲要（2016—2020 年）》明确指出经济结构调整取得重大进展，农业稳定增长，第三产业增加值占国内生产总值的比重超过第二产业。第三产业的行业学科背景更多地表现为自然科学与社会科学的共融，其对学科理论的要求程度偏浅，广度偏宽，更强调实践性，所以第三产业需要的不是学术型人才，而是以应用型人才为主。[②]从经济增长方式的转变来看，我国经济增长方式从粗放型向集约型转变。在经济增长方式的变革中，生产过程对劳动者素质的要求不断提高，劳动者必须在具备一定的专业理论知识的

① 赵新亮，张彦通. 地方本科高校向应用技术大学转型的动力机制与战略[J]. 高校教育管理，2015（2）：38-42.

② 尹宁伟. 应用型本科人才培养模式研究[D]. 厦门大学博士学位论文，2013：25.

基础上才能学习、掌握生产技能和生产要求。培养大量高级专门人才，是满足我国经济结构调整和经济增长方式转变内在要求的需要。

二、高等教育分类管理的需求

高等学校分类是社会经济、政治和文化发展到一定阶段的产物，也是高等教育发展过程中不能回避的一个基础性的重要问题。[①]《中国教育现代化 2035》强调，建立完善的高等学校分类发展政策体系，分类推动高等学校提高办学水平，通过分类设置、分类指导、分类支持、分类评估，引导高等学校科学定位、特色发展。联合国教科文组织综合考虑到各国教育的异同，按照教育计划及人才培养类型制定了《国际教育标准分类法》，将第三级教育（高等教育）分为两个阶段：第一阶段（即 5 级）相当于我国高等教育的专科、本科和硕士研究生教育阶段。这一阶段可以分为 5A 和 5B 两类，5A 是理论型的，学习年限较长，一般为 4 年以上，又可以分为 5A1 和 5A2，其中 5A1 是按学科分设专业，一般是为研究做准备的，目的是使学生参与高级研究项目或从事高技术要求的专业；5A2 是从事高科技要求的专业教育，按照行业或产业分设专业，主要目的是让学生获得从事某个职业或行业所需的实际知识和技能，也就是获得劳动力市场所需要的能力与资格，可以被称为应用型教育，培养的是高素质专门人才。5B 类是实用技术型的，相当于我国目前的高职高专教育，但并不限于专科的层次，学习年限较短，一般为 2—3 年。第二阶段（即 6 级）相当于我国高等教育的博士研究生教育阶段，这一阶段“专指可获得高级研究文凭（博

① 吴巧慧，邢培正. 应用型本科人才培养模式研究与实践[M]. 北京：中国轻工业出版社，2011：5.

士学位）的”阶段，“旨在进行高级研究和有意义的研究”。[①]

按照国家行政分类，高校有多种分类方法。按照办学主体划分，有国家主办高校、民办高校之分；按学科结构来分，有综合性高校、多科性高校、单科（行业）性高校之分；按照办学层次划分，有重点院校（部属、省属）和一般院校（省属、市属）之分。国内学术界关于大学分类有如下几种代表性观点。潘懋元和董立平根据社会人才结构和中国高等教育进入大众化阶段的实际,参照联合国教科文组织《国际教育标准分类法》的框架，将高等学校分为三种基本类型：①学术性研究型大学，培养拔尖创新学术型人才；②专业性应用型的多科性或单科性的大学或学院，培养应用型高级专门人才；③职业性技能型院校（高职高专），培养在生产、管理、服务第一线从事具体工作的职业技术人才。[②]武书连提出了一种新的大学分类标准，大学的类型由类和型两部分组成。“类”主要反映大学的学科特点，按教育部对学科门类的划分，结合各大学学科门类的比例，将现有大学分为综合类、文理类、理科类、文科类、理学类、工学类、农学类、医学类、法学类、文学类、管理类、体育类、艺术类等 13 类。“型”主要反映大学的科研规模，按科研规模的大小，将其分为研究型、研究教学型、教学研究型、教学型等四种类型。每个大学的类型由上述类和型两部分组成，类在前，型在后。[③]。

纵观我国高等教育的分类，学者大多是根据学校在高等教育系统中的定位进行分类的，对于学术性研究型大学和高职高专大学的分类没有什么分歧。在中间类型大学中，学者对研究教学型、教学研究型，或者教学科研型大学、教学型本科院校等则莫衷一是，但不论是研究

① 潘懋元，吴枚. 高等学校分类与定位问题[J]. 黄河科技大学学报，2005（1）：1-5.

② 潘懋元，董立平. 关于高等学校分类、定位、特色发展的探讨[J]. 教育研究，2009（2）：33-38.

③ 武书连. 再探大学分类[J]. 科学学与科学技术管理，2002（10）：26-27.

教学型、教学研究型，还是教学科研型大学或教学型本科院校，这些学校大多应该定位为应用型本科院校。多数地方本科院校既不可能定位为高等职业技术学院，更不可能定位为学术性研究型大学，因为地方本科院校大多是地方办学，应该为地方服务。所以，部分本科院校要向应用技术型高校转型，只有定位为应用型本科，才是其必然的选择。

三、学生就业创业的需求

为地方经济社会发展培养高素质应用型人才，不仅可以解决学生的就业创业问题，还可以解决学生的发展成才问题，真正体现以学生为中心、以学生为本的理念与导向。高等教育大众化时期，生源呈现出多样化特点。一些文化知识基础不够扎实的学生也能进入大学学习，如果还按照原来精英教育的标准要求他们，这样既不满足经济社会发展对人才多样化的需要，也不符合学生成长和发展的实际。《国家中长期教育改革和发展规划纲要（2010—2020年）》明确指出，我国教育还不完全适应国家经济社会发展和人民群众接受良好教育的要求，学生适应社会和就业创业能力不强，创新型、实用型、复合型人才紧缺。

一般而言，应用技术型高校学生的学术研究能力有些欠缺，对理论学习不太感兴趣，但他们是一个兴趣广泛、喜欢动脑筋、实践能力强，且充满着个性化、多元化特点的、适合从事应用型职业的青年群体。[①]加德纳的多元智能理论认为，人的智能是多元的，个体的差别不在于有没有某种智能，而主要在于不同智力因素在不同个体中组合的方式与比例，每个学生都是独特的，不同学生的知识接受能力也存在差异。因此，因材施教，尊重学生的差异，有助于学生的个性发展。

---

① 钱国英，徐立清，应雄. 高等教育转型与应用型本科人才培养[M]. 杭州：浙江大学出版社，2007：72.

这既是人力资源开发中以人为本的体现，也是高等教育大众化的内在意蕴。

四、地方本科院校特色发展的需求

对于应用技术型高校而言，培养具有自身特色的应用型人才成为这些学校生存与发展的关键。英国著名学者阿什比曾经说过，任何大学都是遗传和环境的产物。因此，我们在考量应用技术型高校办学定位和人才培养问题时，必须研究它所处的历史方位和办学条件。应用技术型高校人才培养目标是培养为地方经济社会发展服务的应用型本科人才。新建本科院校大多是由一些高职高专院校重组、合并、升格而来的，不仅办本科教育的历史较短，而且在学科建设、师资力量、生源层次、管理模式、教学水平、办学传统等方面也存在局限，难以培养出高层次、高水平的理论型人才。特别是在近年来一些大学纷纷向理论型、研究型大学靠拢，重心上移，不愿培养应用型人才之时，部分地方本科院校在培养应用型人才方面恰好可以有所作为。部分地方本科院校，尤其很多新建本科院校有着较长的专科办学历史，在应用型人才培养方面积累了一定的经验，有助于发挥其在培养应用型人才上的办学传统和自身优势。部分地方本科院校的办学历史、所处的地理环境、生源状况、发展基础及其社会需求特征决定了其不能简单地效仿传统大学的办学模式，必须探索出一条新型的办学道路，即放低重心，以满足地方需求为导向，大力培养应用型专门人才。

通过以上分析不难看出，目前，部分地方本科院校基本上把自己定位在教学型层次，以培养地方应用型人才为目标。从理论上来看，应用技术型高校的这一定位是较为准确的。然而，部分应用技术型高校还是照搬研究型大学的教学计划和办学模式，脱离地方社会需求。应用技术型高校多集中在办学条件的建设上，在办学理念、人才培养目标内涵与实质定位等方面定位模糊，以至于人才培养目标无法在课程体系和教学内容上得到落实。虽然很多高校已经明确定位于培养某一类人才，但对于这一类人才的内涵是什么，如何与学校的办学特色、专业设置、课程体系紧密结合并加以落实等仍感到茫然。①

第二节　应用技术型高校的基本特征

应用技术型高校的特征既不同于研究型大学，也有别于高职高专院校。具体而言，应用技术型高校在办学来源、办学定位、人才培养等方面都具有自身独有的特征，具有地方性、应用性和教学性等特点。

一、强调地方性

应用技术型高校具有很强的地方性特点。大部分应用技术型高校是地方投资、地方举办、地方生源、地方就业，这就决定了其办学发展必须依赖地方、服务地方。据统计，应用技术型高校主要由地方政府投资办校和管理，主要面向地区招生和就业。因此，应用技术型高校要与地方经济社会发展紧密联系，促进地方经济、科技、文化等方面的繁荣发展，这就要求应用技术型高校准确把握自己的功能定位。但是从目前来看，应用技术型高校偏离地方经济与社会发展需要，培养的人才很难适应与满足当地经济和社会发展的需要，科研能力和直接服务社会发展的能力不足。

应用技术型高校要想获得可持续发展，就需要与地方社会经济发展紧密联系起来。一方面，地方经济发展需要人才支撑，这就需要高

① 潘懋元. 应用型人才培养的理论与实践[M]. 厦门：厦门大学出版社，2011：46-47.

等教育通过培养大批人才为地方服务；另一方面，地方经济发展好了，同样可以为高等教育发展提供经费支持，从而促进地方高等教育的更快、更好发展。地方本科院校向应用技术型高校转型的主体是新建本科院校。从新建本科院校的产生背景来看，新建本科院校是我国社会经济产业结构和经济发展方式转变与高等教育大众化的产物，其使命就是为所在地区服务，适当辐射周边地区。地方性决定了新建本科院校在服务地方中的使命和价值。[①]因此，应用技术型高校在发展过程中要紧紧围绕服务地方的属性，其学科建设、人才培养方案、教学内容、教学方式的制定应从满足当地社会经济发展的实际需要出发，不断为当地输送高素质的各类专门人才。

二、凸显应用性

应用型本科教育在国际上，特别是经济发达国家早已存在。在我国，“应用型本科教育”这一概念是由一些地方新建本科院校提出来的,这类院校大多是想实现与老本科院校和高职高专院校的错位竞争。国内第一次完整提出“应用型本科”概念的是龚震伟，他于 1998 年在《江南论坛》第 3 期中发表了《应用型本科应重视创造性的培养》一文，提出应用型本科人才要具有创新意识和能力。[②]长期以来，我国高等教育采取的是知识取向的质量观，以学生掌握知识的多少和深浅来评价高等教育质量。因此，传统的本科人才培养主要是建立在按学科体系设计的精英教育观的基础上，注重理论型、研究型人才培养，忽视课程与工作要求之间的联系。在科技迅速发展的时代，提高学生各项能力已成为我国社会转型期教育改革和发展的主题。

---

① 姚锡远. 新建本科院校概述及其基本特征[J]. 河南教育（高校版），2008（6）：4-5.

② 龚震伟. 应用型本科应重视创造性的培养[J]. 江南论坛，1998（3）：41.

应用技术型高校的办学定位和人才培养目标都强调应用性，应用性贯穿于应用技术型高校的整个办学过程中，从培养目标、专业设置、课程体系、课程内容、课程实施到科学研究等教学环节均突出应用性。应用技术型人才培养观念要从培养学术理论型人才向培养技术技能型人才转变，提高学生的就业能力和就业质量。基于此，应用技术型高校人才培养目标定位应明确为，为区域（地方）行业、企业培养生产、生活、管理、服务一线的高层次技术技能型人才。①

三、重视教学性

人才培养职能是大学存在的合法依据。高等学校与其他社会机构的特殊之处在于人才培养，这也是高等学校存在的合法依据。早期大学的宗旨就是人才培养。随着时代的发展变化，高等学校的职能演变为教学、科研、服务等三大职能，而人才培养始终是高等学校的根本使命。应用技术型高校更需要以教学为中心，为地方经济社会发展培养各行各业需要的应用型人才。它们中的大多数应当定位为教学型，有的也可定位为教学研究型，能够承担一定的应用性科研任务，但总体上以教学为主，而不是以科研为主或教学与科研并重。②与国内研究型大学相比，这些应用技术型高校存在师资力量较为薄弱、设备条件较差和生源基础较弱等问题，这既决定了其学术基础较为薄弱，也决定了应用技术型高校应该以教学为主。

应用技术型高校的一切工作都要以教学为中心，人才培养是其重中之重。应用技术型高校在人才培养方面应形成自身特色，只有教学

① 刘海峰，顾永安. 我国应用技术大学战略改革与人才培养要素转型[J]. 职业技术教育，2014（10）：11-16.

② 潘懋元. 新建本科院校的办学定位与特色发展[J]. 荆门职业技术学院学报，2007（7）：1-4.

质量提高了，才能保证人才培养质量。应用技术型高校也要开展科学研究，而科学研究更多是服务于教学。通过科学研究，一方面可以提高教师的教学能力和教学水平；另一方面，从事应用研究和技术开发可以增强其服务地方的能力。

第三节　应用型本科人才培养目标的素质结构

应用技术型高校应根据地方或区域经济增长方式和产业结构等方面，以及学校办学定位和学校的现实情况，制定应用型本科人才的培养目标与培养规格。因为只有明确了应用型本科人才培养目标与培养规格，课程建设才有依据。美国劳工部在 1990 年 2 月成立了“获取必要技能部长委员会”(Secretary’s Commission on Achieving Necessary Skills, SCANS)。SCANS 在 1991 年出版的《工作对学校的要求》(*What Work Requires of Schools* ）一书中提出了学生必备的三大基础（foundation）和五大能力（competency）。三大基础为基本技能、思考技能和个人品格；五大能力为运用资源、人际技能、运用资讯、了解系统和应用科技，这也是“今天专家型工作者的标志”。[①]博洛尼亚进程中的“欧洲教育结构调整计划”指出，“能力是知识、理解、应用、技能、态度和责任等属性的动态整合”[②]。这些理论为应用型本科人才培养规格提供了分析框架。

国内学者从知识、能力和素质等方面分析了人才培养素质结构。《国家中长期教育改革和发展规划纲要（2010—2020 年）》也明确指出，优化知识结构，丰富社会实践，强化能力培养，着力提高学生的

---

① Knigh T P, Yorke M. Learning, Curriculum and Employ Ability in Higher Education[M]. London: Routledge Falmer, 2004: 50-68.

② Gonzales J, Wagenaar R. Tuning Educational Structures in Europe: Universities’ Contribution to the Bologna Process[R]. Bilbao: Universidad de Deusto, 2005: 17.

学习能力、实践能力、创新能力，教育学生学会知识技能，学会动手动脑，学会生存生活，学会做人做事，促进学生主动适应社会，开创美好未来。本书从“知识、能力、素质”三个方面分析应用技术型高校人才培养规格和具体要求。

一、应用型本科人才培养目标的基本特征

（一）人才类型的划分

《国家中长期人才发展规划纲要（2010—2020 年）》指出，“人才指具有一定的专业知识或专门技能，进行创造性劳动并对社会作出贡献的人，是人力资源中能力和素质较高的劳动者”。按照学科专业、行业领域、教育层次、岗位职位等的不同，可以将人才划分为不同的类型，目前主要存在如下观点：一是“两分法”，按照人们在一个完整的生产过程中所发挥作用的性质不同，可以将人才划分为理论型和应用型两大类，即学术型人才和技能型人才[①]；二是“三分法”，主要指学术型人才、应用型本科人才和高职技能型人才[②]；三是“四分法”，即学术型人才、工程型人才、技术型人才和技能型人才[③]。实际上，这三种划分基本上是一致的，“两分法”的应用型人才包括工程型人才、技术型人才和技能型人才。本书主要采用学术型人才、应用型本科人才和高职技能型人才的划分方法，重点介绍应用型本科人才素质结构。

---

① 钱国英，王刚，徐立清. 本科应用型人才的特点及其培养体系的构建[J]. 中国大学教学，2005（9）：54-56.

② 潘懋元，董立平. 关于高等教育分类、定位、特色发展的探讨[J]. 教育研究，2009（2）：33-38.

③ 俞克新. 高等职业教育的理论探索与教改实践[M]. 北京：高等教育出版社，1999：38.

（二）应用型本科人才的内涵

应用型人才主要从事生产、建设、管理和服务第一线工作，直接获取经济效益和社会效益。应用型人才强调知行合一、学以致用，重点培养学生将所学基本理论、基础知识和基本技能应用于实践的能力。应用型人才还可以被进一步分为不同的层次和水平。根据在活动过程中运用的知识和能力所包含的创新程度、所解决问题的复杂程度，可以将应用型人才分为不同的层次：第一层次的应用型人才主要从事应用性研究活动，他们富有创造能力和对技术革新的渴求，在经济和社会发展过程中主要承担发明创造的重任；第二层次的应用型人才主要从事设计、开发、管理、决策等活动，他们把发现、发明、创造变为实践或接近实践，主要承担转化应用的职责；第三层次的应用型人才把决策、设计、方案等变为现实，将其转化为不同形态的产品，主要承担生产实践任务。[①]应用技术型高校培养的本科层次的应用型人才主要是第二层次的"转化型""中间型"人才，是较好地掌握基础理论知识和专业知识，并具备运用理论知识分析和解决实际问题的能力的人才，即他们是能够从事设计、开发、管理、决策活动的高级专门人才。

同一层次的应用型人才有不同的类型。根据研究的需要，本书只探讨应用型本科人才。新建本科院校与一些老牌本科院校虽然都定位于培养应用型人才，但由于新建本科院校在办学水平、生源、师资情况等方面与老牌本科院校存在一定的差距，两者培养的应用型人才应该有所不同。从横向分析，本科层次的应用型人才主要有四大类型：技术型、营销型、管理型、研发型。[②]一般而言，老牌本科院校，尤

① 钱国英，徐立清，应雄. 高等教育转型与应用型本科人才培养[M]. 杭州：浙江大学出版社，2007：73-74.

② 张世英. 新建本科院校应用型人才培养的研究与探索[J]. 中国大学教学，2011（2）：9-11.

其是研究生教育较为发达的院校中的一些基础学科，如文史哲、数理化等发展较好，可以为培养应用型人才奠定较为广博的理论基础，主要培养研发型和管理型人才，如温州大学、厦门理工学院。而新建本科院校大多是从专科升格而来的,在培养学生技能方面有一定的经验，同时由于其学术基础较薄弱，只能为其所培养的人才奠定一定的理论基础，主要培养技术型和营销型人才，如玉林师范学院、钦州学院①、许昌学院、黄河学院。

（三）应用型本科人才培养目标的特点

应用型本科培养知识、能力、素质全面协调发展，面向生产、建设、管理、服务一线的高级应用型人才。本书从知识结构、能力结构和素质结构三个方面分析应用型本科人才培养目标的特点。

1. 复合性和应用性

从知识结构来看，应用型本科人才主要将所学基本理论、知识和技能运用于实践，其具有应用性特点。由于应用型本科人才是面向行业工作，强调其拥有的知识应具有一定的广度，应具有复合性和跨行业或跨学科知识，能够在某一行业中的不同工作岗位上工作。同时，由于其不是面向具体的职业岗位（群），与高职高专学生相比，应用型本科人才所需的知识有一定的深度,要让学生掌握一定的理论知识。

2. 实践性和综合性

从能力结构来看，应用型本科人才所从事的主要是实践活动，面向行业工作，可见，实践性是应用型本科人才的重要特征。实践性特征体现在专业应用型本科教育的全过程，这是由这类教育的本质内涵和错位发展目标规定的。②应用型本科人才不仅要具备一定的专业知

---

① 2018 年底，教育部批准在钦州学院基础上设立北部湾大学。

② 潘懋元. 应用型人才培养的理论与实践[M]. 厦门：厦门大学出版社，2011：27.

识和能力，还要具备良好的综合素质，避免重专业技能，轻综合素养。面对日益复杂的问题，单一的知识和能力都是捉襟见肘的，学生需要运用综合能力解决现实问题。实践教学是培养学生综合能力的重要途径，因此，在课程建设中要加强实践教学环节。

3. 社会性和合作性

从素质结构来看，应用型本科人才应该具有更强的社会能力，如人际交往能力、组织管理能力、动手能力。应用型本科人才所从事的大都是生产、管理、服务类的实际工作，面对工作中的设计、规划、决策及应用和运作，单靠个人的能力是无法完成的，需要靠集体力量共同完成，需要团队的沟通、交流、合作。

总体来看，知识结构的复合性和应用性、能力结构的实践性和综合性、素质结构的社会性和合作性等是应用型本科人才的特点，并可被概况为：定“性”在行业，定“向”在应用，定“格”在复合，定“点”在实践。①

二、应用型本科人才培养目标的素质结构模型

应用型本科人才的素质结构模型如图 2-1 所示。应用技术型高校将人才培养目标定位于培养应用型本科人才，但是对于应用型本科人才应该具备的知识、能力和素质并不十分清楚。图 2-1 中，底层是高级专门人才一般标准，不论是什么类型、什么层次的院校，只要属于高等教育，那么它培养的人才就必须达到这一一般标准。在高级专门人才一般标准的基础上，学术型人才、应用型本科人才和高职技能型人才在知识、能力和素质上的要求有所区别。

① 史秋衡，王爱萍. 应用型本科教育的基本特征[J]. 教育发展研究，2008(21)：34-37.

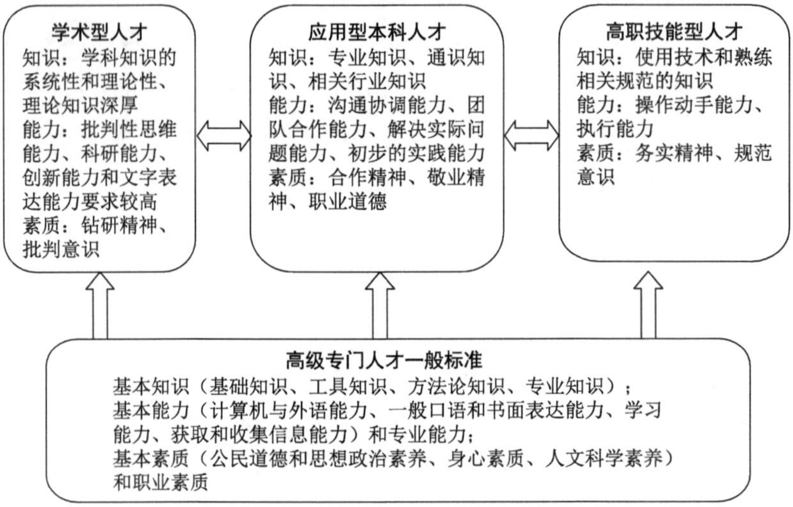

图 2-1　应用型本科人才的素质结构模型图示

（一）高级专门人才一般标准

《中华人民共和国高等教育法》对我国高等教育的总体目标做了明确的规定："高等教育必须贯彻国家的教育方针，为社会主义现代化建设服务、为人民服务，与生产劳动相结合，与生产劳动和社会实践相结合，使受教育者成为德、智、体、美等方面全面发展的社会主义建设者和接班人。高等教育的任务是培养具有社会责任感、创新精神和实践能力的高级专门人才，发展科学技术文化，促进社会主义现代化建设。"据此，学术型人才、应用型本科人才和高职技能型人才应具备的知识、能力和素质如下。

在知识结构方面，主要包括基础知识、工具知识、方法论知识以及专业知识。基础知识主要指一定的人文社会科学知识和自然科学知识；工具知识主要指外语知识、计算机知识、信息技术应用和文献检索知识；方法论知识主要指能够较好地掌握归纳、演绎、推理、总结、研究等方面的知识，并将其运用到工作实践中。[①]专业知识主要指专业基

① 潘懋元. 应用型人才培养的理论与实践[M]. 厦门：厦门大学出版社，2011：49-50.

础知识和专业方向知识，作为高级专门人才，应比较系统地掌握本学科或本专业必需的基础理论、基本知识和基本技能，专业方向知识是一个人直接面向社会一定职业或岗位的知识。

在能力结构方面，主要包括基本能力和专业能力。基本能力主要包括计算机与外语能力、一般口语和书面表达能力、学习能力、获取和收集信息能力。在知识经济社会，这些应该是高级专门人才应该具备的能力，例如，对于获取和收集信息能力，由于处在信息化时代，大学生要能够掌握现代信息技术，并能收集、分析和加工信息。专业能力是指完成某专业工作所必须具备的特有的能力。

在素质结构方面，这里的素质主要指的是个性素质，即个体所具备的与其从事或学习的专业无直接关联的、专业知识结构之外的、具有普遍意义的能力、人格、情感、行为方式等心理结构。[①]素质包括基本素质和职业素质。基本素质是指具有良好的公民道德和思想政治素养，具有良好的身心素质，具有基本的人文科学素养。高级专门人才具备的基本的人文科学素养主要包括正直诚实、自我管理、关怀他人等。职业素质是从事的某种职业岗位对职业素质的要求，不同的职业岗位对人才的素质要求是不一样的，如教师岗位要求教师应具备爱心、耐心等素质。

（二）应用型本科人才与其他类型人才的区别

为了更深入地了解应用型本科人才的内涵，我们还需要探讨学术型人才、应用型本科人才和高职技能型人才的区别。按照《国际教育标准分类法》，学术型人才和应用型本科人才其有横向上的区别，相当于 5A1 和 5A2。5A1 和 5A2 都属于理论型，其中 5A1 培养的是学

---

① 吴巧慧，邢培正. 应用型本科人才培养模式研究与实践[M]. 北京：中国轻工业出版社，2011：53.

术研究型人才，5A2 培养的是高技术专业的应用型人才，即理论应用型人才。应用型本科人才和高职技能型人才的区别就相当于 5A2 和 5B 这种纵向上的区别。三种类型人才的具体区别如下。

1. 培养目标不同

从培养目标看，学术型人才主要以学术研究为志趣，具备深厚的基本理论和基础知识，其专业知识具有专深的特点，从所从事的职业来看，其主要从事理论研究工作。应用型本科人才要具有一定的理论基础，专业理论知识突出应用性，更注重用理论知识和方法解决实际问题，从事生产、建设、管理和服务等第一线实际工作。高职技能型人才要具备适度的理论知识，更重要的是要具有操作技能，在生产第一线或工作现场从事为社会谋取直接利益的工作，主要面向的是职业岗位或者职业群。

2. 知识、能力、素质结构不同

在知识结构方面，学术型人才是以学科为本位的，要求具备深厚、扎实的基本理论和基础知识，更多关注学科知识的系统性和理论性；而应用型本科人才以行业需求为主，注重知识的应用性和复合性。应用型本科人才要具备一定的基础知识，更重要的是要能将理论知识运用在实践中。应用型本科人才不仅要比较系统地掌握本专业知识，还需要了解行业相关方面的知识和综合方面的知识。因此，学术型人才的知识是属于专深型的，应用型本科人才的知识是属于博通型的。应用型本科人才和高职技能型人才也不同，相对来说，应用型本科人才掌握的知识是比较广泛的，高职技能型人才掌握的知识是比较专门的。高职技能型人才根据职业岗位的要求，强调掌握使用技术和熟练工作岗位相关规范的知识。

在能力结构方面，对于学术型人才，应注重培养其探究能力和逻辑思维能力，以及批判性思维能力；对于应用型本科人才，应更注重培养其运用理论知识解决问题的能力以及较快地适应岗位的能力；而对于高职技能型人才，则重视培养其动手操作能力，且要求其操作规范。此外，三种人才在能力性质上的区别是，对学术型人才的文字表达能力要求较高，对应用型本科人才的交际能力要求较高，对高职技能型人才的技术操作能力要求较高。

在素质结构方面，学术型人才要有更强的钻研精神和批判意识；而应用型本科人才则要有更高的职业道德水平，具有团队合作精神和踏实的工作作风。在个人品质方面，对学术型人才和应用型本科人才的要求是不一样的。例如，在忠诚方面，学术型人才的忠诚是指其要对学术忠诚，应用型本科人才的忠诚是指其要对工作单位忠诚，高职技能型人才的忠诚是指其对工作岗位忠诚；在社会责任心方面，学术型人才的社会责任心往往与民族的发展联系在一起，应用型本科人才的社会责任心是指其要把自己的本职工作做好，而高职技能型人才的社会责任心是指其应该具有更强的执行能力、务实精神和规范意识。

3. 课程体系不同

由于学术型人才、应用型本科人才、高职技能型人才的面向不同、人才素质结构不同，其课程结构也存在差异。学术型人才注重具备较广博的通识知识和较宽厚的理论基础，其课程结构是重视通识教育课程和发展个性的选修课程，专业课程所占比例相对较低。这种课程结构的特点是拓宽基础、淡化专业、发展个性，从而可以增强学生的适应性以及提高其终身学习能力。应用型本科人才注重理论知识和专业知识，课程结构是通识教育课程、选修课程和专业课程，且三者所占比例基本相当。高职技能型人才所需具备的理论知识够用即可，其课程更多强调的是专业课程，因此，通识教育课程、发展个性的选修课程所占比例较低，而专业课程所占比例较高。

（三）应用型本科人才的素质特征分析

应用型本科人才主要是指从事生产、建设、管理和服务等第一线工作的人才，其主要特征体现在应用性上，强调专业知识的学习、专业能力的培养和专业素养的养成。下文将从应用型本科人才的知识结构、能力结构和素质结构展开阐释。

在知识结构上，主要包括专业知识、通识知识和行业知识，应用型本科人才的知识具有“广、浅、新、用”的特点。专业知识主要是专业基础知识、专业方向知识和专业前沿知识。专业基础知识是指学生要掌握本专业或本学科的基本理论与基础知识；专业方向知识是指直接面向社会一定职业或岗位的知识；专业前沿知识是指学生了解相关专业的最新发展和一些热点问题。个人的专业知识需要随着社会的发展而不断更新。通识知识是指相关学科方面的知识，旨在扩大学生的知识面和培养学生的通识素养[①]，如要具备一定的财务、管理、社交等方面的复合性知识。行业知识是指大学毕业生需要对从事行业的基本情况，如生产流程等有所了解。

在能力结构方面，主要包括核心能力和专业能力。核心能力是人们职业生涯中除岗位专业能力之外的基本能力，这类能力能适用于各种职业，能帮助人们适应岗位的变化，是人一生中可持续发展的能力。在知识经济和信息化社会，社会发展较快，世界各国高等教育均重视培养大学生的核心能力。对于应用型本科人才，其核心能力主要包括以下方面。

1. 沟通协调能力

沟通协调能力是与人交往所需的一种非常重要的能力，主要指一个人要善于与环境进行协调，并获得周围环境的支持。沟通协调能力主要指个人才能和社会技能。个人才能指口头表达能力，具有较强口头表达能力的学生可以让别人了解自己的想法，能说服他人接受自己

---

① 孔繁敏等. 应用型本科人才培养的实证研究——做强地方本科院校[M]. 北京：北京师范大学出版社，2010：122.

的观点和见解。社会技能指在与别人交往过程中，能够与他人互动，并具备一定的理解力和感受力。

2. 团队合作能力

团队合作能力就是指在团队工作中，能够有效地与别人合作完成共同任务所需具备的基本能力。现代社会是一个错综复杂的系统，绝大多数工作往往需要多人协作才能完成，仅靠一个人往往很难解决社会问题，需要团队成员能力和知识的互补。尤其对于应用型人才，其所从事的大都是生产、管理、服务类的实际工作，面对工作中的设计、规划、决策及应用和运作，单靠个人的能力是无法完成的，需要团队的合作，需要靠集体力量来完成。例如，用人单位常常把团队合作精神和能力放在重要位置。团队合作能力主要包括对共同目标的认可、积极聆听别人的建议和坦然接受别人的批评、能与他人友善相处等。

3. 解决实际问题的能力

运用所学知识解决实际问题的能力即理论应用能力。应用型本科人才的培养目标则是重点培养学生探索将一般理论知识转变为应用实践性知识的方法，并让他们形成运用科学知识解决实际问题的习惯。[①]其直接面向实践，需要具有较强的解决实际问题的能力。解决实际问题的能力主要包括分析问题和发现问题的能力、理论联系实际的能力等。

4. 初步的实践能力

它是指学习一些基本的通用能力，如办公室工作的基本能力、知道一些基本的角色规范等。[②]

总之，应用型本科人才应具有专业知识以及沟通协调能力、团队合作能力、解决实际问题的能力、初步的实践能力等。专业知识是学

① 王洪才，高馨. 论创新人才素质特征与高校办学定位[J]. 现代大学教育，2008（5）：81-86，113.

② 王洪才. 关于应用型研究生培养模式改革的实验报告——基于高等教育学专业两门课程教学改革实践的行动研究[J]. 复旦教育论坛，2010（4）：47-52，57.

生能力获得和素质养成的基础。如果学生不具备一定的专业知识，那么能力的获得和素质的养成就成为无源之水、无本之木。沟通协调能力是应用型本科人才应具有的首位能力，只有具备良好的沟通协调能力，才有可能与其他人建立合作关系；有了团队合作能力，才有利于解决实际问题，最终实际问题的解决要通过实践能力来落实。

在素质结构方面，应用型本科人才具有较强的专业伦理和社会责任感，明确职业岗位工作规范，拥有认真完成本职工作的意识和能力素质。通过分析世界各国对毕业生的素质要求和我国用人单位对毕业生的素质要求，我们发现其均非常重视职业素质。应用型本科人才在国内往往从事决策、生产管理、技术开发等工作，相比于其他学术型人才，更注重其合作精神、敬业精神以及职业道德的培养。

三、应用型本科人才的素质结构指标

应用型本科人才的素质结构指标如表 2-1 所示，该表能够清楚地描述应用型本科人才的素质结构。

表 2-1　应用型本科人才的素质结构指标

分类	项目	描述
知识	专业知识	专业基础知识、专业方向知识、专业前沿知识
	通识知识	管理、财务、社交等方面知识
	行业知识	与行业有关的知识
能力	沟通协调能力	个人才能（指有效表达自己观点）和社会技能（与他人互动的能力）
	团队合作能力	聆听别人建议能力、接受别人批评能力
	解决实际问题的能力	分析问题能力、理论联系实际的能力
	初步的实践能力	一些基本的通用能力，如办公室工作的基本能力
素质	职业素质	合作精神、敬业精神和职业道德

应用型本科人才培养目标的实现要依靠课程的设计与实施落实，因此，课程目标的确定、课程结构的设置、课程内容的选择、课程实施的效果和课程评价的使用直接关系到应用型本科人才培养质量的高低。那么，需要什么样的课程模式使应用型人才素质结构得以落实，使应用型人才知识、能力、素质和课程模式能更好地耦合在一起？下一节将着重介绍应用型本科人才的课程模式。

第四节　应用型本科人才培养的课程模式构建

所谓课程模式，就是以典型的、简约的方式表达的课程范式，这种课程范式具有特定的课程结构和特定的课程功能，与其特定的教育条件相适应。课程模式既是一种结构，规定课程的内部构成并设定其相互关系，同时这种结构的建立又是以特定的功能假设为指向的。[①]应用型本科人才培养的课程模式是指为了实现应用型本科教育的目标而构建的具有特定功能和结构的课程体系，一般主要是指在一定办学定位和培养目标的指导下，高校所开设的课程结构构成与课程运作方式，以及相关的教学手段方法、教学资源配置和师资队伍建设等。

一、应用型本科人才培养目标

高校人才培养目标主要是指人才培养活动使学生在知识、能力和素质结构上所要达到的具体培养要求和规格标准，对学校人才培养活动具有指向性规定，对课程目标、课程结构、课程内容、课程评价等方面具有引领作用。本书从素质教育的理念出发，根据知识、能力和素质三要素，即知识结构、能力结构、素质结构来表述应用型本科人

① 廖哲勋，田慧生. 课程新论[M]. 北京：教育科学出版社，2003：251.

才培养目标。应用型本科人才的知识结构除了包括高级专门人才具备的基础知识、工具知识、方法论知识和专业知识外，还包括专业基础知识、专业方向知识、专业前沿知识、跨学科知识、相关行业知识等。应用型本科人才的能力结构除了包括高级专门人才具备的能力（计算机与外语能力、获取和收集信息能力、学习能力、表达能力）外，还包括团队合作能力、沟通协调能力、解决实际问题的能力、初步的实践能力。应用型本科人才的素质结构除了包括高级专门人才具备的素质（公民道德、思想政治素养、身心素质、人文科学素养）外，还包括合作精神、敬业精神与职业道德等。

二、课程目标突出能力

课程目标是一切课程活动的出发点和归宿，是课程设置的方向，对整个课程有统领作用。现代课程理论强调，课程目标从注重单纯的知识传授向注重知识、能力和素质的全面发展转变。在课程建设上，应用技术型高校应根据社会要求和学习者的特点开设有利于学生形成各种能力的学科。[①]应用技术型高校的人才培养目标定位为培养应用型人才，以培养学生能力为主，注重学生知识和素质的协调发展。制定课程目标时，要充分考虑地方经济发展和学生发展的需求。与此同时，要考虑培养目标层次的特点，通过逐层分解，最终使应用型人才培养规格在知识、能力和素质上得以落实。

三、课程结构平台与模块结合

课程结构和教学内容的改革是人才培养模式改革的核心环节，是

---

① 高有华. 高等教育课程理论新探[M]. 镇江：江苏大学出版社，2009：316.

实现培养目标和提高人才培养质量的关键。[①]课程结构是课程目标转化为教育成果的纽带，在一定程度上决定着课程功能的发展。课程结构和教学内容要紧紧围绕人才培养的规格设计，根据地方行业对人才在知识、能力和素质方面的基本要求，构建合理的、可操行的课程结构。应用技术型高校以行业科技为主要标准，构建“平台+模块”的课程结构，遵循职业本位理念进行课程建设，以更好地培养应用型本科人才。

四、实践课程与理论课程的比例

实践课程是应用型人才区别于其他类型人才的重要标志。不同类型的院校将理论课程与实践课程所占的比例设置为多少才较为合理？不同类型人才对知识基础与专业应用能力的要求不同，决定了其在理论课程与实践课程上存在根本区别。根据不同类型的人才培养规格与要求、高校目前课程结构情况，以及案例学校人才培养模式的成功经验，本书提出研究型大学、应用技术型高校、高职高专院校的理论课程与实践课程的比例结构。

学术型人才强调掌握宽厚的知识基础，为进一步学习奠定基础。应用型本科人才强调扎实的知识基础和较强的应用能力，要求既能直接进入工作领域，又具有可持续发展的潜能。德国应用科技大学已有40多年的办学经验，被公认为培养应用型人才的成功典范，其中实践教学是其应用型人才培养中最有特色的一个环节。高职技能型人才强调具备一定的知识基础和很强的专业应用能力，要求对工作岗位非常熟悉。根据三种类型人才目标培养的特点，本书研究提出，应用型本

① 常汉东. 地方本科院校应用型人才培养的课程模式构建[J]. 黑龙江高教研究，2007（11）：55-57.

科人才的理论课程与实践课程之间的学分比例应约为 1∶1，实践课程所占比例约为 40%—50%；研究型本科人才的理论课程与实践课程之间的学分比例应约为 7∶3；高职技能型人才的理论课程与实践课程之间的学分比例应约为 3∶7。

五、课程内容注重应用性

课程内容是课程的重要因素，是师生开展活动的重要载体。应用技术型人才的培养与研究型人才的培养不同，不能过分注重学科知识体系的理论性和系统性，不能局限于学科知识的传授，要切实加强课程内容的应用性，在人才培养中注重提升学生的通用技能、专业能力和实践能力等，以便更好地实现应用型本科人才的培养目标。因此，高校要与企业、行业等合作，加强与企业、行业的沟通与联系，了解学生所应具备的知识、能力、素质等，考虑到学生发展需要和社会经济发展需要，及时引入企业、行业的新知识与新技术，优化和更新课程内容。在课程内容的选择上，我们要从传统意义上的知识本位观转换到关注学生技术技能成长的能力、态度培养观，实现课程内容选择与社会职业需求的对接。①

六、课程实施注重学生能力培养

课程实施是课程从理想的课程到现实的课程的转换，是使人才培养目标得以实现的重要途径。课程实施在课程发展中起关键作用，课程改革的成功与否主要取决于课程实施是否有效。影响课程实施最直

---

① 牟延林. 普通本科高校转型进程中课程改革的思考[J]. 中国高教研究，2014（9）：84-91.

接的因素是教学方法。在教学方法上，教师要打破过去以传能力、授知识为中心的灌输式教学模式，积极采取启发式、讨论式、案例式、研究式等多种教学方法。应用型人才注重培养学生的能力，学生只有作为主体参与到活动中，从做中学，才能更好地提高自身的能力，因此，在课程教学中，除了采用讲授法外，教师还需要采取多种方法，充分调动学生的积极性和主动性，以便使教学方法在培养学生的能力方面更有效。作为课程实施的主体，教师不仅要具备一定的学术知识，还要具备一定的实践经验，如此才能在教学过程中更好地将理论与实际联系起来。

七、课程评价以能力为导向

课程评价是保证课程质量和课程实施效果的重要环节。课程评价在整个教学活动中具有导向作用，影响着师生的教学行为。要充分发挥课程评价的功能，对学生进行评价时，在考察理论知识的同时，更要注重对其应用能力的评价。知识生产模式Ⅱ的应用情境和跨学科、异质性、社会责任性等特性决定了课程质量评价的主体不能再局限于学校内部的专任教师，而必须扩大到知识生产和问题解决的所有课程利益相关者，多元化的评价主体客观上要求质量标准控制的多样性，只有这样才能兼顾所有课程参与者的利益诉求。[①]应用技术型高校需要利益相关者参与到课程评价中，力求做到评价主体多元性、评价方式多样性。在课程评价中，教师、学生，以及企业、行业相关人才都可参与到评价中来，采用定量评价和定性评价相结合的方式，确保能力培养落到实处。

---

① 聂永成，董泽芳. 知识生产模式转型背景下应用型高校课程变革的路径探讨[J]. 湖北社会科学，2020（1）：144-150.

第五节　应用技术型高校课程建设的理论基础

一、知识生产模式Ⅱ

随着科学技术成为推动各国社会经济发展的重要力量，以单学科为基础的知识生产模式Ⅰ已不能满足国家和社会发展的需要，知识生产模式Ⅰ向知识生产模式Ⅱ的转变成为必然。在创新驱动的知识经济社会中，大学发挥着促进国家和地方经济发展的重任，不能再游离于经济和社会之外。知识生产模式Ⅱ打破了学科界限，促成了大学与社会和市场的良性互动。[①]尤其是应用技术型高校立足于地方经济社会发展，需要与社会和市场密切互动。

（一）知识生产模式Ⅱ简述

在高等教育普及化和经济全球化等发展背景下，大学从社会边缘到逐渐走向社会发展中心，知识在社会发展中的重要性日益凸显。吉本斯在其出版的《知识生产的新模式：当代社会科学与研究的动力学》一书中提出，当下的知识生产正在分裂为模式Ⅰ和模式Ⅱ两种方式。[②]现代大学是建立在传统知识生产模式之上的。在知识社会中，知识生产模式发生了新的变化，新出现的知识生产模式则被称为模式Ⅱ，即从知识生产模式Ⅰ向知识生产模式Ⅱ转型。在知识社会中，知识生产模式由注重研究的知识生产模式Ⅰ转向注重应用的知识生产模式Ⅱ。[③]知识生产模式Ⅱ对应用技术型高校人才培养具有重要的影响。

---

① 卓泽林. 大学知识生产范式的转向[J]. 教育学报，2016（2）：9-17.

② [英]迈克尔・吉本斯. 知识生产的新模式：当代社会科学与研究的动力学[M]. 陈洪捷，沈文钦等译. 北京：北京大学出版社，2011：3-4.

③ 尹宁伟. 知识生产模式转型与应用型本科人才培养[J]. 重庆高教研究，2015，3（2）：22-27.

（二）知识生产模式Ⅱ的特征

知识生产模式Ⅱ与传统的知识生产模式Ⅰ有本质区别，模式Ⅰ即传统的以学科和大学为中心的知识生产模式，而知识生产模式Ⅱ不太关注基础研究，更关注知识在技术、商业、工业、经济等问题上的直接运用；以问题为导向，综合多种学科解决问题，超出了单一学科的知识范围；具有异质性，知识生产的主体、场所是多样的和异质的，利益相关者都可以参加进来，带来不同的经验和技能；质量控制标准更加多样化。知识生产模式Ⅰ的质量控制主要依赖于同行评审，知识生产模式Ⅱ的质量控制不仅依赖于同行评审，还依赖于语境、运用和规范。知识生产模式Ⅱ的知识生产质量是由一系列标准决定的，这一系列标准反映了评价系统由扩大了的社会构成。①

知识生产模式Ⅱ的应用语境吸纳了社会、经济和政治等领域的知识分子，质量控制的标准更加多样化。由此可见，知识生产模式Ⅱ具有应用性、跨学科性、问题性和评价多样性等基本特征。

（三）知识生产模式Ⅱ与应用技术型高校课程建设

面临知识生产模式的转型，大学不能固守传统的知识生产模式来进行生产，应用技术型高校更是如此。知识与课程之间具有天然的联系，知识生产模式的转型会对应用技术型高校的课程目标、课程内容、课程实施、课程评价等产生很大影响。目前我国传统的人才培养模式建立在知识生产模式Ⅰ的基础上，注重学科知识的体系，而对社会、企业的需要关注较少。应用技术型高校服务区域经济与地方经济社会发展，办学定位突出应用性和实践性。可见，知识生产模式Ⅱ与应用技术型高校的人才培养之间具有一定的契合性。知识生产模式Ⅱ对应

① [英]迈克尔・吉本斯. 知识生产的新模式：当代社会科学与研究的动力学[M]. 陈洪捷，沈文钦等译. 北京：北京大学出版社，2011：8.

用技术型高校人才培养的指导作用主要体现在以下几个方面：一是培养应用型本科人才；二是课程开发多主体，利益相关者要参与课程开发，课程内容要考量企业、行业的需要；三是课程评价多样性，评价主体、评价标准、评价方法的多元化，知识生产的跨学科性和主体多元性客观上要求质量标准既要满足知识生产自身的需要，也要满足市场的需要，不同利益诉求的参与者将所需知识的特点诉求以不同的方式反映在知识生产过程中，从而使得知识生产在整体上呈现出一种公共性、开放性和协同性的特征①；四是产学研协同培养，建立政府-大学-企业的“三螺旋机制”，保障应用型本科人才培养的效果。

二、课程开发理论

课程开发对课程改革和课程建设具有重要的指导价值。课程开发是从课程编制（curriculum making）演变而来的，20 世纪初期，课程问题由原来的仅仅设置什么样的课程转变到如何编制课程上来，编制什么样的课程、如何编制课程等引起了人们的广泛、深入探索。20 世纪中期以来，随着人们对课程编制活动的认识逐渐深化，内容更加广泛的“课程开发”（curriculum development）一词得到了人们的广泛认可。这一概念的提出意味着对课程的开发活动是一个不断摸索、改进的过程，是一个从设计到实施并对它们不断进行评价的全过程。②

19 世纪末 20 世纪初，中小学课程编制引起学者的关注。高等学校的课程编制理论和方法与中小学相比起步较晚。在欧美，对这一领域进行系统研究大约是从 20 世纪 80 年代开始的。我国虽然也是从 20

① 聂永成，董泽芳. 知识生产模式转型背景下应用型高校课程变革的路径探讨[J]. 湖北社会科学，2020（1）：144-150.

② 刘志军. 走向理解的课程评价——发展性课程评价理论探索[M]. 北京：中国社会科学出版社，2004：24.

世纪 80 年代开始对这一领域进行研究，但是到目前为止仍对课程编制缺乏系统阐述。当前关于课程开发，有几种比较典型的课程编制模式。

拉尔夫・泰勒（Ralph Tyler）是美国著名的课程论专家，根据八年课程改革实验研究的经验，提出了课程开发的基本原理。泰勒在《课程与教学的基本原理》一书中把课程开发归结为四个最基本的问题："学校应努力达到什么教育目标，提供怎样的教育经验才能实现这一教育目标，如何有效地组织这些教育经验，如何确定这些教育目标是否达到。"[①]泰勒提出的这四个基本问题被公认为现代课程开发理论的奠基石，他本人被称为"现代课程之父"。泰勒根据这四个问题，在课程开发过程中形成了以目标为中心，"确定目标—选择经验—组织经验—评价结果"的课程开发模式。泰勒的课程开发模式对科学、规范地开发课程有重要指导意义，对世界各地的课程理论和课程实践产生巨大影响。

影响较大的课程开发模式还有施瓦布提出的实践课程开发模式、斯滕豪斯提出的过程课程开发模式等。无论采用什么样的模式，课程开发都有一些基本组成部分和步骤。课程开发大体上包含四个组成部分：确立目标和表述目标；选择和组织课程内容，并形成体系；实施课程；对课程进行评价。[②]应用技术型课程改革或课程建设具有不同层次，根据课程开发理论，课程建设主要包括课程目标、课程结构、课程内容、课程实施和课程评价等要素。本次研究选取案例应用技术型高校的通信工程专业，分析其课程建设情况。

---

① [美]拉尔夫・泰勒. 课程与教学的基本原理[M]. 施良方译. 北京：人民教育出版社，1994：2.

② 王伟廉. 高等学校课程研究导论[M]. 广州：广东高等教育出版社，2008：11.

第三章　应用技术型高校课程建设现状的实证研究

本章通过文本分析和调查研究，了解应用技术型高校课程建设的现状，总结应用技术型高校课程建设取得的成功经验，并分析应用技术型高校课程建设存在的问题。

第一节　应用技术型高校课程建设现状的文本分析

本章选取我国 12 所应用技术型高校的本科人才培养方案，对其进行分析。应用技术型高校本科人才培养方案是其办学思想和办学理念的集中体现，详细规定了学校的办学和人才培养目标定位，规定了每一个本科专业的培养目标和毕业要求、学制与修业年限、课程设置、课程学分与学时结构，以及实践教学环节与安排等。通过对应用技术型高校本科人才培养方案的分析，可以了解应用型本科人才的课程建设现状。

一、样本选取

样本共包括 12 所大学，根据所处地理位置，在我国东部、中部、西部各选取 4 所大学。按照“类”（如综合类、师范类、理工类、农林类、政法类、医药类、财经类等）进行分类，其中，综合类大学有 7 所，师范类大学有 3 所，理工类大学有 2 所。在应用技术型高校的选取上，在《教育部、国家发展改革委、财政部印发关于引导部分地方普通本科高校向应用型转变的指导意见》等政策的引导下，部分地方本科院校向应用技术型高校转型，本书选取向应用技术型高校整体转型的地方本科院校作为研究样本。在专业的选取上，为了更深入地分析应用技术型高校的课程建设情况，本书选取通信工程专业，其属于应用型专业，同时本书所选取的样本高校均设置了这个专业。我国 12 所应用技术型高校的基本情况如表 3-1 所示。

表 3-1　我国 12 所应用技术型高校的基本情况

区域	大学	类型	规模与定位	学校目标定位
东部	厦门理工学院	理工类	福建省示范性应用型本科高校，全日制在校生 19 943 人（含研究生 330 人，留学生 138 人），专任教师 1063 人	“以学生为本，为产业服务”的办学理念，建设“亲产业、开放式、国际化”的高水平应用技术型大学
	肇庆学院	综合类/教学型	广东省转型发展试点院校，全日制在校生 22 729 人，函授生 10 390 人，教职工 1 425 人	学校为建设成为特色鲜明的高水平应用型综合大学而努力奋斗
	温州大学	综合类/教学研究型	全日制在校生 15 232 人，本专科生 13 032 人，各类继续教育学生 11 848 人，教职工 1768 人，专任教师 1097 人	扎根温州、服务浙江、辐射全国、面向世界，努力建设成为具有鲜明地域特色、国内知名的高水平教学研究型大学，成为应用型创新创业人才培养基地
	嘉应学院	综合类	教职工 1764 人，专任教师 1269 人，普通全日制学生 25 018 人、成人教育学生 12 174 人	实现转型发展、建成高水平应用型大学的目标
中部	黄淮学院	综合类	河南省首批示范性应用技术类型本科院校，教职工 1200 余人，全日制普通在校生 20 000 人	“地方性、国际化、开放式、应用型”的特色鲜明的一流应用型本科大学
	许昌学院	师范类/教学型	河南省首批示范性应用技术类型本科院校，教职工 1565 人，其中专任教师 1334 人，全日制在校生 24 251 人	坚持“地方性、应用型、服务性、国际化”的办学定位，扎根地方办学，建设成为富有特色的高水平应用型大学

续表

区域	大学	类型	规模与定位	学校目标定位
中部	湖南文理学院	综合类	湖南省“双一流”高水平应用特色学院，教职工 1348 人，其中专任教师 988 人，全日制本科生 24 000 余人	“地方性、开放式、国际化”国内一流综合性应用技术型大学
	合肥学院	综合类	全日制在校生 15 000 多人，副高级以上职称教职工 424 人（其中正高级 130 人），拥有博士学位的教职工 260 人	“地方性、应用型、国际化”的有特色、高水平的应用型本科高校
西部	玉林师范学院	师范类	广西首批整体转型发展试点学校，教职工 1330 人，其中专任教师 1002 人	坚持“地方性、应用型、师范性”的办学定位，努力办成“国内知名、区内领先，以教师教育为特色的高水平地方应用型大学”
	钦州学院	综合类	全国应用技术大学（学院）联盟首批理事高校，广西新建本科院校整体转型发展试点院校，全日制在校生 14 000 多人，教职工 1 200 多人，其中专任教师 800 多人	建设成为支撑广西海洋经济和北部湾经济区经济社会发展的应用型人才培养培训基地、海洋科技研发基地，建成海洋特色鲜明的高水平应用型大学
	贺州学院	综合类	广西整体转型发展试点高校，全日制在校生 16 600 多人，在职教职工 1000 多人，专任教师 700 多人	建设成为特色鲜明的高水平地方应用型大学
	长江师范学院	师范类	重庆市整体转型发展试点院校，全日制本科在校生 20 000 余人，专任教师 1248 人	服务涪陵区及周边区县经济社会发展，践行“创新为魂、应用为要、能力为本、服务为重”的办学理念，努力将学校建设成为特色鲜明的应用型高水平师范大学

资料来源：《厦门理工学院 2016 级本科专业人才培养方案》《肇庆学院 2018 级本科专业人才培养方案》《温州大学 2014 级本科专业人才培养方案》《嘉应学院 2016 级本科专业人才培养方案》《黄淮学院 2018 级本科专业人才培养方案》《许昌学院 2018 级本科专业人才培养方案》《湖南文理学院 2018 级本科专业人才培养方案》《合肥学院 2017 级本科专业人才培养方案》《玉林师范学院 2018 级本科专业人才培养方案》《钦州学院 2015 级本科专业人才培养方案》《贺州学院 2016 级本科专业人才培养方案》《长江师范学院 2017 级本科专业人才培养方案》，下同

二、培养目标分析

（一）“法”“部”层面的培养目标

1998 年，《中华人民共和国高等教育法》对本科教育的学业标准有明确的规定：“本科教育应当使学生比较系统地掌握本学科、专业

必需的基础理论、基础知识，掌握本专业必要的基本技能、方法和相关知识，具有从事本专业实际工作和研究工作的初步能力。”1998年，教育部印发的《关于深化教学改革，培养适应21世纪需要的高质量人才的意见》提出了新的关于本科教育的总体要求，即“培养基础扎实、知识面宽、能力强、素质高”的高级专门人才，并据此“逐步构建起注重素质教育，融知识传授、培养能力与提高素质为一体，富有时代特征的多样化的人才培养模式”。《教育部关于进一步深化本科教学改革全面提高教学质量的若干意见》指出，“要坚持知识、能力和素质协调发展，继续深化人才培养模式、课程体系、教学内容和教学方法等方面的改革，实现从注重知识传授向更加重视能力和素质培养的转变”。以上是我国从“法”定层面和“部”定层面规定的所有本科生应该达到的基本要求：比较系统地掌握本专业的基础理论、基本知识和基本技能；成为知识、素质、能力协调发展的高级专门人才；从注重知识传授向注重能力和素质转变。

（二）应用技术型高校人才培养目标

12所应用技术型高校的人才培养目标如表3-2所示。应用技术型高校根据“法”定层面和“部”定层面对培养目标的规定、学校实际情况、区域经济发展情况来制定本校的培养目标。

表3-2　12所应用技术型高校的人才培养目标

大学	培养目标
厦门理工学院	培养经济和社会发展一线所需的具有现代工程技术能力、人文和科学素养兼备、能务实、善创业、敢创新的应用型创新性高级专门人才
肇庆学院	坚持培养知识面宽、基础扎实、具有较强适应性和实践能力的应用型高级专门人才
温州大学	着力培养“重实践、强创新、能创业、懂管理、敢担当”的高素质应用型人才
嘉应学院	培养适应地方经济社会发展需要、具有创新精神和实践能力的应用型人才
黄淮学院	培养“就业能称职、创业有能力、深造有基础、发展有后劲”的高素质应用型技术技能人才

续表

大学	培养目标
许昌学院	培养实基础、强能力、有个性、富有社会责任感和创新精神的高素质应用型人才
湖南文理学院	“实基础、重应用、强能力、出特色”，培养基础知识扎实、德智体美全面发展的高水平应用型人才
合肥学院	培养具有自主学习能力、科技创新能力、社会实践能力和就业竞争力的应用型人才
玉林师范学院	具备良好的学习能力、实践能力、专业能力和一定的创新创业能力，德、智、体、美、劳全面发展的高级应用型人才
钦州学院	以实践能力和创新能力、就业创业能力培养为核心的高级应用型人才
贺州学院	坚持培养“厚基础、宽口径、强能力、重创新”的高级应用型专门人才
长江师范学院	探索多元开放的应用型人才培养模式，培养“就业有实力、创业有能力、发展有潜力”的高素质应用型人才

从表 3-1 和表 3-2 中可以看出，向应用技术型高校转型的地方本科院校在应用型本科人才培养方面已经有所突破，学校人才培养目标定位相对明确，并呈现出一些新的特征。

一是定位为应用型人才培养目标。12 所应用技术型高校的人才培养目标都旗帜鲜明地提出培养应用型人才，例如，厦门理工学院的应用型创新性高级专门人才、黄淮学院的高素质应用型技术技能人才、合肥学院的具有自主学习能力和科技创新能力等的应用型人才等。虽然各高校在表述上存在一定的差异，如应用型创新性、应用型技术技能等，但各高校均突出应用型人才的培养。

二是立足于培养地方社会发展需要的人才。12 所应用技术型高校人才培养目标均强调地方性，强调培养地方社会经济发展需要的人才。例如，嘉应学院提出培养适应地方经济社会发展需要的人才，温州大学提出培养扎根温州、服务浙江、辐射全国、面向世界的应用型人才。

三是突出了学校人才培养目标的特色。虽然 12 所应用技术型高校都定位为培养应用型本科人才，但应用型人才培养的特点不同，强调人才培养的特色。例如，温州大学培养学生“重实践、强创新、能创业、懂管理、敢担当”，许昌学院培养学生“实基础、强能力、有个性、富有社会责任感和创新精神”，玉林师范学院培养学生具备“良好的学习能力、实践能力、专业能力和一定的创新创业能力”。

（三）专业培养目标与规格

1. 专业培养目标

12 所应用技术型高校通信工程专业的培养目标如表 3-3 所示。

表 3-3　12 所应用技术型高校通信工程专业的培养目标

大学	专业培养目标
厦门理工学院	培养适应海峡西岸经济区，尤其是厦门市经济与社会发展需要，德、智、体、美全面发展，掌握扎实的自然科学基础和宽广的专业知识，具备创新精神、工程实践能力以及跟踪掌握通信领域的新理论、新知识、新技术的能力，能在电子与通信工程领域从事研究、设计、开发、应用和管理工作，并逐步成长为本领域的技术骨干或中高层管理专家的高级应用型人才
肇庆学院	培养适应社会与经济发展需要，具有道德文化素养、社会责任感、创新精神和创业意识，掌握必备的数学、自然科学基础知识和相应专业知识，具备良好的学习能力、实践能力、专业能力和一定的创新创业能力，具备通信技术、通信系统和通信网等方面的基础理论和专业知识，具有通信设备与信息通信系统，尤其是无线通信系统的设计、研究、开发和技术管理方面的能力，能在通信领域从事研究、设计、制造、运营、管理工作的高素质应用型工程科技人才
温州大学	培养能够主动适应国家社会主义现代化建设和地方经济社会发展的需要，德、智、体、美全面发展，具有创新精神、创业能力和社会责任感，既有较宽厚的通信网基础知识和基本理论，又有较强的通信技术实践能力，对社会需求具有较广泛的适应性和竞争力，能在科研、教育、企业、事业和行政管理等单位从事通信系统的研究设计、开发制造、教学、运营管理的高级应用型人才
嘉应学院	培养具备通信技术、通信系统和通信网等方面的知识，能在通信领域中从事设计、制造、运营、维护及在国民经济各部门和国防工业中从事开发、使用通信技术与设备的应用型工程技术人才
黄淮学院	培养德、智、体、美全面发展，知识和能力结构全面适应行业发展和市场需要，掌握现代通信技术、通信系统和通信网络等方面的理论知识和基本实践技能，能从事通信设备、系统及网络的安装调试、设计规划、研制开发、运营管理等工作，具有较强实践能力和一定创新能力的高级工程技术人才
许昌学院	培养通信工程领域的应用型工程技术人才。毕业生经过 5 年左右的工程实践，能够承担通信工程领域的研究与应用、设计与开发及系统的运行与维护等工作

续表

大学	专业培养目标
湖南文理学院	培养德、智、体、美全面发展，能适应社会经济发展、为地方经济服务，具有良好科学文化素质和创新精神的通信专业本科人才。毕业生应掌握通信工程基础理论、通信系统设计和维护的基本方法及计算机应用知识，熟悉 IT 领域相关的人文、伦理、环保、法律、法规、标准及工程管理、项目决策等知识，具备复杂工程问题研究分析和设计开发的工程实践能力、自主学习能力、创新意识和国际视野，同时具有良好的团队合作精神，能在通信工程及计算机工程领域从事软件开发、硬件设计、生产制造、设备维护和管理等工作的应用型人才
合肥学院	培养德智体美全面发展、富有创新意识、在通信工程领域内获得专业训练的工程应用型人才，以适应国家加速信息化发展对人才的需要。优秀学生可以申请到德国和韩国的高等院校攻读学位
玉林师范学院	培养适应社会与经济发展需要，具有道德文化素养、社会责任感、创新精神和创业意识，掌握必备的数学、自然科学基础知识和通信工程专业知识，具备良好的学习能力、实践能力、专业能力和一定的创新创业能力，德、智、体、美、劳全面发展的高级应用型人才。毕业生可在通信领域从事通信设备的使用、维护与应用开发，以及通信系统的技术支持和管理工作，并可在开设通信与信息系统等相关学科的高校继续深造
钦州学院	培养德、智、体、美全面发展，具备通信基础理论和专业及工程管理知识，系统掌握现代通信技术，具有整合、推理及解决信息通信领域问题的能力；能在信息通信领域中从事工程设计、设备制造、网络运营与维护、技术管理的应用型复合人才
贺州学院	本专业坚持“厚基础、宽口径、强能力、重创新”的人才培养目标定位。培养德、智、体、美全面发展，以数理、外语和通信基本理论为基础，在知识、能力、素质等方面协调进步，培养学生具备通信工程领域系统、扎实的理论基础，具有工程实践和创新能力的高素质技术人才。与中兴通讯公司深度合作，培养学生掌握通信工程类专业坚实的基础理论、相关的专业基础和专业知识，能从事通信系统、通信设备以及信息系统类的设计、开发、制造、运营和管理的高级应用型专门人才
长江师范学院	面向通信设备制造、通信设备运营、通信工程设计、增值业务运营、网络及服务等行业，针对数字信号处理、通信技术、有线传输、电信交换、数据通信、电信网络、通信电源等工程师岗位，培养具有较高的人文社会科学素养、较强的社会责任感和职业道德，具有从事本专业的工程技术工作所需的自然科学基础知识，掌握通信系统基础理论和专业技能，具有创新意识、敬业精神和解决实际问题能力的高素质应用型人才（现场工程师）

资料来源：《厦门理工学院 2020 级通信工程专业培养方案》《肇庆学院 2020 级通信工程专业人才培养方案》《温州大学 2013 级本科人才培养方案（非师范类专业）》《嘉应学院 2020 年通信工程专业人才培养方案》《黄淮学院 2013 级通信工程培养方案》《许昌学院 2018 级通信工程培养方案》《湖南文理学院 2018 级通信工程专业人才培养方案》《合肥学院 2018 级通信工程专业简介》《玉林师范学院 2018 级通信工程专业人才培养方案》《钦州学院 2017 级通信工程专业本科人才培养方案》《贺州学院 2020 级通信工程专业人才培养方案》《长江师范学院 2018 级通信工程专业人才培养方案》，下同

专业培养目标主要包括总的培养目标和培养规格（毕业要求）。从表 3-3 中可以看出，通信工程专业的培养目标主要体现了以下特

点：一是注重培养适应地方社会经济发展的高级应用型人才；二是注重培养学生德、智、体、美全面发展；三是注重培养学生基础知识、方法和技术；四是注重培养学生的创新精神、实践能力和社会责任感等。

2. 专业培养规格和要求

12 所应用技术型高校通信工程专业的培养规格和要求如表 3-4 所示。

表 3-4　12 所应用技术型高校通信工程专业的培养规格和要求

大学	专业培养规格和要求
厦门理工学院	①能应用通信工程专业知识和技能解决实际问题，能分析和设计复杂的工程系统，成为专业领域的创新者；②具有从事电子通信设备与信息系统的设计、开发、应用和集成等方面的工作能力，能够胜任项目经理或教学科研工作；③具备人文素养、社会责任感，遵守职业道德规范，了解信息科技对于社会、环境的影响与责任；④具备沟通协调、团队合作、跨领域合作以及国际化能力；⑤能够通过继续教育或其他渠道终身学习，不断跟踪掌握通信及相关领域的新理论、新知识、新技术
肇庆学院	知识要求：①具有从事通信工程领域科学研究、工程设计、技术服务等工作所需的数理知识和其他相关的自然科学知识；②具备一定的电路与电子学知识领域、信号系统与控制知识领域、计算机知识领域、电磁场知识领域的基础知识；③系统地掌握无线通信专业方向知识；④了解通信与信息行业的相关政策及法规；⑤了解信息通信领域的前沿技术和发展动态 能力要求：①具有较强的计算机和外语应用能力，能利用现代信息技术手段进行文献检索并能够阅读本专业外文资料；②具有创新意识和从事科学研究、科技开发的初步能力，具有一定的组织管理能力和团队协作能力；③系统掌握无线通信系统和无线通信网络的分析与设计方法；④具有设计、开发、调测、应用无线通信系统和无线通信网的基本能力；⑤具有获取通信工程师、网络工程师等资格证书的能力 素质要求：①具有较高的思想政治素质和道德品质，较强的法治、诚信和行业政策法规意识；②具有良好的职业道德、敬业精神和严格的自律意识；③具有较高的人文素质和人文关怀精神、准确的语言和文字表达能力；④具有健全的人格和健康的体魄、较强的社会适应能力和创新能力；⑤具有通信行业所需的工程能力、质量意识、团队精神、创新精神
温州大学	知识标准：公共基础知识、学科基础知识、专业知识、交叉学科基础知识、工程管理知识 能力标准：学科基本能力、专业基本能力、工程技术与管理能力、创新创业能力、合作与沟通能力 素质标准：职业精神、职业道德与规范
嘉应学院	①热爱社会主义祖国，拥护中国共产党领导；懂得马克思主义、毛泽东思想的基本理论；具有良好的道德修养和团队合作精神。②具有较扎实的数学和物理等方面的基础理论知识；具有电路分析基础、模拟电子技术、数字电路与数字逻辑、微机与单片机原理、信号与系统、通信原理、通信电子线路、电磁场与电磁波、数字信号处理、现代交换技术、计算机网络、物联网技术、移动通信等方面的基础理论、基本知识；具备分析、解决实际工程问题的基本

续表

大学	专业培养规格和要求
嘉应学院	技能。③掌握通信系统和通信网方面的基础理论、组成原理和设计方法；受到通信工程实践的基本训练，具备从事现代通信系统和网络的设计、开发、调测和工程应用的基本能力；在通信、电子、计算机等设备与系统的设计、安装、调试、维护等方面具有较强的动手能力。④掌握一门外国语言，能较熟练地查阅本专业的资料和进行一般的语言及文字交流；具有较宽广的计算机基础知识，能够熟练地进行计算机系统和网络操作，编写应用程序，并具有较强的计算机应用系统开发能力。⑤了解一定的国防知识和体育运动知识，初步掌握锻炼身体的技能，养成科学锻炼身体的习惯，达到大学生体育标准，具有健康的体魄和良好的心理素质
黄淮学院	①具有扎实的专业知识基础，同时具备较强的计算机应用能力和较高的外语水平；②系统地掌握本专业领域的基础理论知识，主要包括电路电子技术、计算机技术和程序设计、通信基本理论、现代通信系统与网络等内容；③掌握通信系统和通信网络的基本分析方法和设计方法；④具备设计开发、规划建设、运行维护通信系统和通信网络的基本能力；⑤了解通信技术的最新发展动态和发展方向；⑥掌握文献检索、资料查询的基本方法，具备一定的研究能力和实际工作能力；⑦具有较强的自学能力、创新能力、动手实践能力和较高的综合素质；⑧具备一定的体育和军事基本知识，具有健全的心理和健康的体魄
许昌学院	①保持身心健康、具有人文学科与社会科学素养，具备工程职业道德和社会责任感；②具有组织管理、适应环境和团队协作能力；③坚持可持续发展的理念，遵守本专业领域的技术标准、相关行业的政策、法律和法规；④具有创新意识和综合运用所学科学理论、分析和解决问题的方法及技术手段解决通信工程领域相关复杂工程技术问题的能力，能够参与通信工程领域相关产品的测试、设计开发，并具有通信系统运行和维护能力；⑤具有国际视野，具备自主学习能力，能够在跨文化的背景下进行沟通和交流
湖南文理学院	学生主要学习电子技术、计算机技术、通信技术、信号与信息处理技术等方面的基本理论和基础知识，受到较好的工程实践基本训练，具有系统分析、设计、开发、研究与运行维护的基本能力
合肥学院	掌握通信技术、通信系统、通信网络和电子信息系统及计算机科学技术等方面的基本理论和专业基本知识，具备信息检测、传输、交换、处理及控制的基本技能，能在通信与电子信息领域中从事研究、设计、开发、运营以及能跟踪专业领域内新理论、新技术的发展。在信息产业部门、国防工业等企事业单位中从事通信、电子信息技术应用和管理等工作的应用型工程技术人才
玉林师范学院	知识规格：具有在电子信息领域从事科学研究、工程开发与设计所需要的数学和自然科学基础知识；掌握通信工程专业相关的基本理论与技术，具有基本的计算机理论、应用与开发能力；具有系统的与通信工程专业相关的工程实践或科研训练经历，了解通信工程专业的发展现状和趋势 能力规格：能够熟练使用常用的电子仪器仪表，初步具备设计与实施通信工程领域工程实验的能力，并能够对实验结果进行分析；具有分析、提出方案并解决通信工程领域理论或实际问题的基本能力，以及具备从事现代通信系统和网络的设计、开发、测试和工程应用的基本能力 素质规格：具有社会主义核心价值观和良好的思想品德、专业意识和工程素质；了解通信系统和通信网建设的基本方针、政策、法规和经济管理知识；掌握文献检索、资料查询及运用现代信息技术获取相关信息的基本方法，具备科技论文写作基本能力；掌握一门外语，能阅读本专业外文资料，具有一定的国际视野和跨文化交流与合作能力；具有良好的职业素养和创新精神

续表

大学	专业培养规格和要求
钦州学院	①身心健康，具有良好的工程职业素养和基本的人文科学素养，爱国敬业，有社会责任感；②掌握通信领域内的基本理论和基本知识及无线通信等技术；③掌握数字通信系统和通信网的分析与设计方法，具有设计、开发、应用通信系统和通信网的基本能力；④了解通信技术的最新进展与发展动态；⑤了解通信系统和通信网建设的基本方针、政策和法规；⑥掌握文献检索、资料查询的基本方法，具有一定的实际工作能力；⑦了解企业管理的基本知识，具有一定的组织管理能力、表达能力和人际交往能力，具备良好的团队意识和合作精神；⑧了解各种通信网络的共性原理，如媒体接入、交换、路由原理与技术；⑨掌握网络协议体系与分层结构以及组网的基本技术
贺州学院	知识要求：①工具性知识：掌握文献检索、资料查询及运用现代信息技术获取相关信息的基本方法；初步的外语应用能力，能阅读本专业的外文资料，具有一定的国际视野和跨文化交流、竞争与合作能力。②自然科学/人文社会科学知识：具有人文社会科学、法律与环境、社会与公共安全等知识；具有从事专业相关的工程工作所需的数学、物理等知识。③学科基础知识：具有扎实的电工、电子、计算机、信息化和通信等相关学科的基本理论和基本知识。④专业知识：通信网络与信息技术领域的基本理论和基本知识；掌握通信系统的组成及相关技术，掌握信息及数据处理方法和工具使用，能完成中小型通信网络系统设计、实施及优化，能使用各种专业工具实现信息数据的处理及仿真 能力要求：①获取知识能力：能够阅读外文文献，具备运用外语进行沟通和交流的能力；具有获取国内外最新科学技术知识和信息的能力，对终身学习有正确的认识，具有不断学习和适应发展的能力；②应用知识能力：具有科学思维方法及综合运用掌握的知识、方法和技术分析并解决复杂信息通信网络问题的能力；具备运用计算机及相关仿真软件及工具对通信网络进行规划、设计、分析、开通和优化的能力；具有通信相关软硬件产品的开发能力；③创新、创业能力：具备创新、创业意识，具备应用信息通信工程相关理论、方法和关键技术，结合行业特点针对现实问题规划设计相关通信网络，解决实际工程问题，并能对通信网络或相关模块进行持续优化改进的能力；④团队合作、组织协调能力：具有一定的表达能力、独立工作能力、人际交往能力和团队合作能力；有一定的国际视野和跨文化的交流、竞争与合作的能力 素质要求：①思想道德素质：具有法律意识和职业道德修养，具有社会责任感，在工程实践中具有良好的质量、安全、服务和环保意识；②文化素质：具备较好的人文素养与情怀；③专业素质：具有合作精神和团队精神；具有追求创新的态度和意识；具有一定的创业意识；具有一定的工程意识和效益意识；具有自主学习和终身学习的意识；具有一定的全球视野及可持续发展理念；④身心素质：具有良好的心理素质和身体素质
长江师范学院	知识要求：①基础知识：具有从事通信工程领域科学研究、工程设计、技术服务等工作所需的数理知识和其他相关的自然科学知识；掌握通信工程领域的基础理论和基本知识；系统掌握通信系统和通信网的分析与设计方法；具有设计、开发、调试、应用通信系统和通信网的基本能力；掌握运用现代信息技术手段进行文献检索和资料查询的基本方法；了解通信与信息行业的相关政策及法规；了解信息通信领域的前沿技术和发展动态；②核心知识：掌握3G、4G移动通信系统及网络的基本结构，掌握3G、4G移动通信网的设计、规划、调试、维护；掌握移动通信设备的数据配置及操作，熟悉3G、4G移动通信网络的规划、设计和优化；熟悉通信工程的实施；③相关知识：熟悉市场经济、企业管理等基本知识；熟悉国内外产品质量控制和安全生产的政策、法规；了解目前国内外本专业常用的技术规范和标准 能力要求：①基础能力：较强的本国语言文字表达、交流沟通能力；科学的实验方法能力；熟练的计算机应用能力；②核心能力：具有模拟电路设计能力、电路识别能力、仪器使用能力、测量能力、网络工程能力、系统综合能力、软件平台使用能力、编程能力、数据分析能力；③相关能力：初步具备参与项目及工程管理的基本能力；新技术跟踪能力；团队合作能力；终身学习意识和获取新知识的能力

续表

大学	专业培养规格和要求
长江师范学院	素质要求：①基础素质：爱党爱国，具有正确的世界观、人生观和价值观；较好的人文素养，较强的法制观念；②核心素质：具有诚实守信的职业道德，敢于创新和艰苦奋斗的敬业精神；③相关素质：健康的身心素质；健全的体魄，体育达到学校规定的合格标准；强烈的社会责任感

12 所应用技术型高校通信工程专业的培养规格主要注重以下方面：一是强调职业责任和使命，具备人文素养、社会责任感，遵守职业道德和规范；二是掌握本专业的基本知识、基本理论、基本技能与方法；三是掌握文献检索、资料查询及运用现代信息技术获取相关信息的基本方法；四是把握学科基础、前沿和特色等；五是掌握一门外语，能阅读本专业外文资料，具有一定的国际视野；六是具有较强的实践能力、适应能力和创新精神。

同时，12 所应用技术型高校通信工程专业强调了应用技术型本科人才应该具备的部分能力，例如，厦门理工学院提出具备沟通协调、团队合作、跨领域合作以及国际化能力；嘉应学院提出具有较强的动手能力和系统开发能力；黄淮学院提出具有较强的自学能力、创新能力、动手实践能力；温州大学提出要具备工程技术与管理能力、创新创业能力、合作与沟通能力；湖南文理学院强调培养具有系统分析、设计、开发、研究与运行维护的基本能力；玉林师范学院提出具有分析、提出方案并解决通信工程领域理论或实际问题的基本能力。

从以上分析可以看出，这些院校的专业培养目标既体现了本科院校的“理论扎实”的特点，又考虑到了地方经济社会发展需要不同层次的应用型人才的现实需要。在专业培养规格与要求上，案例学校的专业培养目标都是从知识、能力和素质三个方面对人才规格提出了具体要求。从表 3-4 中可以看出，各个专业人才培养目标从知识（工具知识、人文科学知识、自然科学知识、专业基础知识）、能力（获取知识的能力、分析问题和解决问题的能力、管理能力等）、素质（专业素质、思想素质、科学文化素质、身心素质）方面对人才培养规格提出了具体要求。

（四）课程目标

12 所应用技术型高校中，除玉林师范学院外，其余高校均没有列出通识教育课程目标（表 3-5），可见，一些高校对通识教育课程目标还没有足够重视。

表 3-5　高校通识教育课程目标

目标	玉林师范学院
通识教育课程目标	优化知识结构、提高能力与素质，培养学生人文素质、科学素质与创新能力，引导学生了解学科前沿新成果、新趋势、新信息
学科基础课程目标	掌握高等数学、线性代数、概率论与数理统计的基本知识，掌握物理的基本原理和分析方法，会进行相关的物理计算

表 3-5 列出的通识教育课程目标中主要突出以下方面：一是注重人文素质教育与自然科学的素质教育；二是注重扩大学生的知识面等。

（五）培养目标存在的问题

1.“法”定、“部”定层面的培养目标单一

随着高等教育大众化的不断推进，高等教育类型越来越多样化，相应的培养目标也应该多样化。但是我国“法”定、“部”定层面的培养目标相对单一，对高等教育提出的要求较统一，这样难以指导高等教育多样化人才培养，也难以指导应用型本科人才培养。国家应对高等教育进行分类管理，针对不同类型的高校制定“法”定、“部”定层面的培养目标。

2. 学校培养规格并没有引起重视

当前，部分地方本科院校向应用技术型高校转型已经引起各界的广泛关注，应用型本科人才培养已经引起各高校的重视，各高校制定

了应用型本科人才培养目标，但多数高校并没有制定学校人才培养规格和要求。培养规格是各高校在“法”定、“部”定层面的培养目标的基础上，根据学校的类型、实际情况、地方社会经济发展情况制定的，能体现出学校的使命、精神气质等具有一定特色的规格和要求。当前各校重视学校人才培养目标的制定，但是，案例高校并没有制定学校人才培养目标的具体规格和要求。

3. 学院、课程体系目标缺失

当前，我国应用技术型高校的学院培养目标、课程体系目标普遍存在缺失现象。学院培养目标主要是指学院根据自身情况制定的比较具体的、具有特色的培养目标，其对专业建设目标、课程体系目标和单门课程目标具有指导作用。课程体系目标主要是指通识教育课程、学科基础课程、专业基础课程、专业方向课程等的培养目标，是根据学校、学院和专业培养目标制定的具体培养目标，旨在明确各类型课程的任务，体现各类型课程在人才培养中的作用，最终实现专业人才培养目标。但是，多数应用技术型高校并没有制定学院培养目标和课程体系目标。

4. 单门课程目标和教学目标信息不透明

从案例高校各网站中可以看出，单门课程目标和教学目标几乎没有向外公开。学生在选课之前不清楚课程目标和教学目标，对所要选修的课程并不了解，导致选课存在盲目性和随意性。部分教师甚至既不清楚自己任教课程的课程目标，也不清楚自己所教课程在该专业的人才培养中的地位和作用，在一定程度上影响了专业培养目标的实现。

三、课程结构分析

（一）课程纵向结构现状

12 所应用技术型高校通信工程专业纵向课程结构学分如表 3-6 所

示。课程纵向结构主要包括通识教育课程、学科基础课程、专业基础课程、选修课程、实践课程。

表 3-6　12 所应用技术型高校通信工程专业纵向课程结构学分及占总学分的比例

大学	总学分	通识教育课程	学科基础课程	专业基础课程	选修课程	实践课程
厦门理工学院	172	71.5（41.6%）	42.5（24.7%）	9.5（5.5%）	15.5（9.0%）	33（19.2%）
肇庆学院	176	59（33.5%）	58（32.9%）	23（13.0%）	5（3%）	31（17.6%）
温州大学	170	54（31.8%）	9.5（5.6%）	27（15.9%）	40（23.5%）	39.5（23.2%）
嘉应学院	161	51（31.7%）	21（13.0%）	33（20.5%）	20（12.4%）	36（22.4%）
黄淮学院	174	43（24.7%）	26（14.9%）	35（20.1%）	30（17.2%）	40（23.0%）
许昌学院	180	44（24.4%）	62（34.4%）	19（10.6%）	20（11.1%）	35（19.5%）
湖南文理学院	162	61（37.7%）	—	42（25.9%）	18（11.1%）	41（25.3%）
合肥学院	240	45.5（19.0%）	53（22.1%）	47.5（19.8%）	9（3.8%）	85（35.4%）
玉林师范学院	168	47（28.0%）	—	39（23.2%）	30（17.9%）	52（31.0%）
钦州学院	171	43（25.1%）	—	56（32.7%）	20（11.7%）	52（30.4%）
贺州学院	160	47（29.4%）	58（36.3%）	19（11.9%）	10（6.3%）	26（16.3%）
长江师范学院	190	45（23.7%）	11（5.8%）	58（30.5%）	5（2.6%）	71（37.3%）
平均	177	50.9（28.8%）	28.4（16.0%）	34.0（19.2%）	18.5（10.5%）	45.1（25.5%）

注：通识教育课程主要包括公共必修课程（公共基础课程）、全校公共选修课程；学科基础课程主要包括学科基础课程与学院公共平台课程；专业课程主要包括专业基础课程和专业核心课程（专业必修课程）；选修课程主要包括专业选修课程和跨专业选修课程；实践课程主要包括公开课实践、专业实践、集中实践课程和创新创业课程，主要指集中实践课程。因四舍五入，部分数据和不为 100%，余同

从 12 所应用技术型高校通信工程专业课程纵向结构可以看出，其具有一些共同特点。

一是突破了知识“三层楼”的课程模式，建立了新的课程模式。20 世纪 50 年代，中国高校形成了“公共基础课、专业基础课和专业课”的“三层楼”或“金字塔”的课程模式。一般而言，在“三层楼”的课程模式中，公共基础课和专业基础课统一作为基础课，在课程体

系中占有较大的比重，符合学术本科教育的人才培养定位。[①]“三层楼”的课程模式强调知识结构的理论性和系统性，注重学科知识的内在逻辑，但在一定程度上忽视了学生成长规律和社会发展需要，不利于学生应用能力的培养，不适合应用型本科人才的培养。12 所应用技术型高校的通信工程专业课程建立起通识教育课程、学科基础课程、专业基础课程、选修课程、实践课程等层次的课程模式。这种新模式体现为前期实行通识教育，中期实行以大类平台课为特点的专业培养，后期则实行个性化分流培养。[②]

二是通识选修课程的范围广。案例高校通识选修课程涉及人文社会科学系列，自然科学与技术系列，艺术、体育与健康系列，经济管理系列等各个方面的知识。这说明除专业性外，学校开始重视学生的综合性和适应性等方面，力求拓展学生的知识基础。

通过对通信工程专业的分析发现，12 所应用技术型高校的课程结构还存在一些问题：课程纵向结构欠合理。通识教育课程学分占总学分的平均比例为 28.8%，其中，比例最高的是厦门理工学院，为 41.6%，比例最低的是合肥学院，为 19.0%。学科基础课程学分占总学分的平均比例为 16.0%，其中比例最高的是贺州学院，为 36.3%，最低的是温州大学，为 5.6%。实践课程学分占总学分的平均比例为 25.5%，其中，比例最高的是长江师范学院，为 37.3%，比例最低的是贺州学院，为 16.3%。

由以上分析可见，各高校的课程结构中每个模块所占比例不同，每所学校都积极探索适合自身的课程结构，凸显自身的特色。但是它们的课程设置存在一定的盲目性和不合理性，如在学科基础课程上，

---

① 高林等. 应用性本科教育导论[M]. 北京：科学出版社，2006：66.

② 徐高明，张红霞. 我国一流大学创新人才培养模式的新突破与老问题[J]. 复旦教育论坛，2010，8（6）：61-66.

有的学校所占学分比例过高，有的学校所占学分比例较低。

（二）课程横向结构

1. 通识选修课程的设置突出特色

根据调研情况，12 所应用技术型高校中有 9 所明确了对通信工程专业通识选修课程的规定，如表 3-7 所示。

表 3-7　9 所应用技术型高校通信工程专业通识选修课程

大学	通识选修课程领域	通识选修课程修读要求	学分（占总学分的比例）
厦门理工学院	①管理学；②经济；③人文；④社会科学	分别从 4 个领域各选修 2 学分	8（4.7%）
肇庆学院	①限选通识课程模块；②拓展通识课程模块；③辅助通识课程模块	学生可以自由选修	10（5.7%）
温州大学	①人文与社会科学类；②创业教育；③心理与教育；④艺术	分别从 4 个领域各选修 2 学分，至少修满 8 学分	8（4.7%）
嘉应学院	①人文与社会科学类；②创新创业	至少在创新创业领域中选修 4 学分	12（7.5%）
黄淮学院	①公共艺术课程；②素质拓展课程	公共艺术课程选修 2 学分，文理跨院系、跨学科选修 4 学分，共 6 学分	6（3.5%）
许昌学院	①人文与社会科学类；②自然与科学；③艺术	在全校开设的课程中选修 9 学分，至少选修一门艺术课	9（5.0%）
湖南文理学院	①公共艺术；②创业基础；③自然科学类；④创新和技能	必选创业基础课程 2 学分，非艺术类专业学生必须在公共艺术限定选修课程中修读 2 学分，人文社会科学类专业学生须在自然科学类课程中修读 2 学分，创新和技能课程修读 2 学分	8（4.9%）
玉林师范学院	①艺术类；②人文类；③社会科学类；④自然科学与技术类；⑤讲座类	至少在讲座类通识选修课中选修 2 学分，在艺术类通识选修课中选修 2 学分，在人文类或社会科学类通识选修课中选修 1 学分，剩余 1 学分任选，多选不限	6（3.6%）
长江师范学院	①应用文写作；②现代企业管理；③中华文化与历史传承类；④自然科学与科技类；⑤社会热点与世界视野类；⑥自我认知与人生发展类；⑦文学修养与艺术鉴赏类	从中华文化与历史传承类、自然科学与科技类等领域至少选修 8 学分	8（4.2%）
平均			8.3（4.9%）

从表 3-7 中可以看出，各校通识选修课程学分的平均值为 8.3 学分，占总学分的比例为 4.9%。各学校通识教育课程主要涉及人文学科、社会学科、自然学科和艺术学科四大知识领域，选修学分为 6—12 学分。一般实行分类指定选修的方式，力求文理的交叉和融合，以促进学生的全面发展。通识选修课程在各校存在一定的差异，并且各校对选修学分的具体要求有所不同。例如，厦门理工学院要求学生从经济、管理学等领域选修课程，温州大学要求学生从心理与教育等领域选修课程，湖南文理学院要求学生在修读创新业基础课程的基础上再选修其他课程，玉林师范学院除了常规要求外，还要求学生从讲座类通识选修课中至少选修 2 学分。同时，各应用技术型高校均重视创新创业教育课程。

2. 通识教育课程的设置欠科学

12 所应用技术型高校通信工程专业通识必修课程学分如表 3-8 所示。通识教育课程主要包括政治、英语、计算机、体育、军事文献信息检索与利用、职业发展与就业指导等课程。

表 3-8　12 所应用技术型高校通信工程专业通识必修课程学分

大学	总学分	政治		英语		计算机	体育	军事	其他课程	小计	占比/%
		学分	占比/%	学分	占比/%						
厦门理工学院	172	16	9.3	10	5.8	0	4	1	创业基础/职业规划/高等数学/大学物理，共 31.5	62.5	36.3
肇庆学院	176	16	9.1	12	6.8	0	8	2	大学生心理健康教育 1	39	22.2
温州大学	170	14	8.2	11	6.5	0	4	0	职业规划 2/数学 10/物理 5	46	27.1
嘉应学院	161	17	10.6	10	6.2	2	4	2	健康与心理教育 1/大学语文 2/职业发展与就业 1	39	24.2
黄淮学院	174	16	9.2	10	5.7	4	8	1	就业创业 2/创新创意创造方法 2	43	24.7

续表

大学	总学分	政治		英语		计算机	体育	军事	其他课程	小计	占比/%
		学分	占比/%	学分	占比/%						
许昌学院	180	16	8.9	12	6.7	0	4	1	心理健康教育 2	35	19.4
湖南文理学院	162	16	9.9	10	6.2	4	4	1.5	大学语文 1.5/职业规划 2/心理教育 1/高等数学 A 7.5/大学物理 5.5	53	32.7
合肥学院	240	14	5.8	15	6.3	0	8	2	心理学 1/职业规划 1.5	41.5	17.3
玉林师范学院	168	14	8.3	12	7.1	5	4	0	大学语文 2/职业规划 2/心理健康教育 2	41	24.4
钦州学院	171	16	9.4	10	5.8	4	8	0	心理健康教育 2/职业规划 1/防艾、防毒教育 1	42	24.6
贺州学院	160	16	10.0	12	7.5	4	8	2	法律基础素质 2/专业技能素质 1	45	28.1
长江师范学院	190	12	6.3	15	7.9	4	4	0	心理健康教育 1/职业规划 1	37	19.5
平均	177	15.3	8.6	11.6	6.6	2.3	5.7	1.0	—	43.7	24.7

从各高校人才培养方案中可以看出，部分大学已经将原来的课程更名为通识教育课程，这与国际大学的称呼比较一致。各应用技术型高校开始重视通识教育课程建设，开设了创业基础课程、职业生涯规划课程、心理健康教育、大学语文等多种形式的课程。但是，在通识必修课程中，外语课程、政治理论课程、计算机课程占有相当高的比例，这些通识教育课程多是工具性课程，人文素质和专业伦理课程相对开设较少。实证调查结果显示，教师和学生一致认为，通识必修课程中的政治理论课程、外语课程、计算机课程存在比重大而效果不佳的问题。

3. 学科基础课程差距较大

12 所应用技术型高校通信工程专业的学科基础课程如表 3-9 所示。

表 3-9　12 所应用技术型高校通信工程专业的学科基础课程

大学	总学分	课程	科目数/门	学分	占比/%
厦门理工学院	172	专业导论与学涯规划指导、计算机基础与C语言程序设计、工程制图、电路Ⅱ、电路实验、低频电子线路实验、电子线路实验、数字电子技术、信号与系统、电磁场与电磁波、高频电子线路、数字信号处理、数字信号处理实验、通信原理、通信原理实验、单片机原理与应用	16	44	25.6
肇庆学院	176	高等数学Ⅰ、线性代数Ⅱ、概率与数理统计Ⅱ、大学物理Ⅰ、复变函数与积分变换、随机工程	6	28	15.9
温州大学	170	线性代数、程序设计基础、工程数学	3	9.5	5.6
嘉应学院	161	高等数学、大学物理及实验、概率论与随机过程、工程数学	4	21	13.0
许昌学院	180	高等数学 1、线性代数、高等数学 2、概率论与数理统计、复变函数、工程制图、工程制图实训、C 语言程序设计、C 语言程序设计实训、大学物理 1、电路、电路实验、工程经济学、大学物理 2、大学物理实验、模拟电子技术、模拟电子技术实验、数字电子技术、数字电子技术实验、电子技术课程设计、信号与线性系统分析、信号与线性系统分析实验、法律法规与工程管理、单片机原理与接口技术、单片机原理与接口技术实验、单片机原理与接口技术课程设计、电磁场与电磁波	27	53	29.4
玉林师范学院	168	高等数学 B（1）和（2）、线性代数 B、概率论与数理统计 B、普通物理 A（1）和（2）	6	21	12.5
长江师范学院	190	高等数学（A）、大学物理（一）	2	11	5.8
平均	173.9	—	9.1	26.8	15.4

从表 3-9 中可以看出，案例高校的通信工程专业基本上都开设了学科基础课程，但是各高校差距较大，从科目数来看，主要为 2—27 门；从学分来看，主要为 9.5—53 学分；从占比来看，主要为 5.6%—29.4%。

4. 课程类型结构失衡

课程的类型结构是指课程所包含的知识结构处于专业知识体系中的不同地位和作用。按照不同维度，我们将其划分为必修课程与选修课程、理论课程与实践课程。

（1）必修课程占主导地位，选修课程偏少

12 所应用技术型高校通信工程专业的必修课程、选修课程学分比例如表 3-10 所示。

表 3-10 12 所应用技术型高校通信工程专业的必修课程、选修课程学分比例

大学	总学分	必修课程		选修课程	
		学分	占比/%	学分	占比/%
厦门理工学院	172	142.5	82.8	29.5	17.2
肇庆学院	176	137	77.8	39	22.2
温州大学	170	114	67.1	56	32.9
嘉应学院	161	117	72.7	44	27.3
黄淮学院	174	134	77.0	40	23.0
许昌学院	180	151	83.9	29	16.1
湖南文理学院	162	136	84.0	26	16.0
合肥学院	240	200	83.3	40	16.7
玉林师范学院	168	116.5	69.3	51.5	30.7
钦州学院	171	134	78.4	37	21.6
贺州学院	160	119	74.4	41	25.6
长江师范学院	190	172	90.5	18	9.5
平均	177	139.4	78.8	37.6	21.2

注：选修课程主要包括公共选修课程（通识选修课程）、专业选修课程、跨专业选修课程

从课程修读的要求来看，大学课程设置主要分为必修课程和选修课程。12 所院校的课程修习形式共同采取必修、限选和任选的方式。必修一般指全校或院系规定学生必须修习某些课程的方式，各大学一般对必修课程有统一的要求。限选一般是指在某些课程或某一领域中要求学生至少选择其中一定数量的课程进行修习的方式。任选是指学生根据个人兴趣或专业需要自由选择修习课程的方式。现在我国高校

都设有必修课程和选修课程，但我国高校设置的必修课程所占比例较高，选修课程所占比例偏低。从表 3-10 中可以看出，就学分而言，必修课程的平均学分为 139.4 学分，选修课程的平均学分为 37.6 学分。其中，必修课程学分最高的是合肥学院，为 200 学分，最低的是温州大学，为 114 学分。选修课程学分最高的是温州大学，为 56 学分，最低的是长江师范学院，为 18 学分。就学分占比而言，必修课程学分占总学分的平均比例为 78.8%，选修课程学分占总学分的平均比例为 21.2%。其中，必修课程学分占总学分比例最高的是长江师范学院，为 90.5%，比例最低的是温州大学，为 67.1%；选修课程学分占总学分比例最高的是温州大学，为 32.9%，比例最低的是长江师范学院，为 9.5%。此外，还存在一种情况是，一些学校的选修课程中的部分课程虽为限选课程，实际上却属于必修课程。

调查发现，从管理者到师生均对选修课程不太重视，把选修课程作为必修课程的补充。这样会限制学生知识结构的拓展，影响学生进行跨学科课程学习以及激发其学习兴趣，从而不利于学生创造思维和方法的训练。必修课程和选修课程对学生的发展同等重要。从国际教育界的经验看，建立选修课程制度是适应学生主体多样性发展的表现，能够使学生的个性得到充分发展。选修课程是一种实现学生多样化、差异化发展的有效途径，高校要尽可能给学生提供更多的机会。但是，长期以来，高校教育重视社会发展的价值取向，并且其开设的有限的选修课程中还存在诸多问题，选修课程分为限选选修课程和任意选修课程，限选选修课程中几乎没有什么课程门类供学生选择，而任意选修课程中可供选择的课程门类也较少。

（2）理论课程占主导地位，实践课程薄弱

12 所应用技术型高校通信工程专业理论课程、实践课程学分比例如表 3-11 所示。

表 3-11 12 所应用技术型高校通信工程专业理论课程、实践课程学分比例

大学	总学分	理论课程		实践课程	
		学分	占比/%	学分	占比/%
厦门理工学院	172	102	59.3	70	40.7
肇庆学院	176	131.5	74.7	44.5	25.3
温州大学	170	130.5	76.8	39.5	23.2
嘉应学院	161	117	72.7	44	27.3
黄淮学院	174	99	56.9	75	43.1
许昌学院	180	126.5	70.3	53.5	29.7
湖南文理学院	162	108	66.7	54	33.3
合肥学院	240	130	54.2	110	45.8
玉林师范学院	168	111	66.1	57	33.9
钦州学院	171	118.5	69.3	52.5	30.7
贺州学院	160	109	68.1	51	30.9
长江师范学院	190	119	62.6	71	37.4
平均	177	116.8	66.0	60.2	34.0

注：实践课程主要包括集中实践课程和课程中的实践部分

从表 3-11 中可以看出，12 所应用技术型高校的课程结构偏重学科理论体系的教学，注重知识的系统性和理论性，而忽视课程的应用性和实践性。不论在课程结构比例上还是在受重视程度上，理论课程都远远超过实践课程。而实践教学是应用型本科人才培养过程中的重要环节，是提高学生实践能力和综合能力的重要途径。20 世纪 60 年代，英国科学家波兰尼提出的缄默知识理论为实践课程提供了合理的依据。在当前的创新教育改革中，人们意识到实践课程是培养学生综合素质、实践能力和创新精神的有效途径。但是，虽然人们意识到实践课程的独特价值，但是在课程结构中，实践课程所占比例仍比较低。

从表 3-11 中可以看出，就学分而言，12 所应用技术型高校通信工程专业理论课程的平均分为 116.8 学分，实践课程的平均分为 60.2 学分。其中，理论课程学分最高的是肇庆学院，为 131.5 学分，最低的是黄淮学院，为 99 学分；实践课程学分最高的是合肥学院，为 110 学分，最低的是温州大学，为 39.5 学分。就学分占比而言，理论课程学分的平均比例为 66.0%，实践课程学分的平均比例为 34.0%。其中，理论课程学分占总学分比例最高的是温州大学，为 76.8%，最低的是合肥学院，为 54.2%；实践课程学分占总学分比例最高的是合肥学院，为 45.8%，最低的是温州大学，为 23.2%。

2007 年，《教育部关于进一步深化本科教学改革全面提高教学质量的若干意见》规定："要大力加强实验、实习、实践和毕业设计（论文）等实践教学环节，特别要加强专业实习和毕业实习等重要环节。列入教学计划的各实践教学环节累计学分（学时），人文社会科学类专业一般不应少于总学分（学时）的 15%，理工农医类专业一般不应少于总学分（学时）的 25%。"大部分案例应用技术型高校的实践课程设置情况均达到了该文件的要求。但是，这一实践课程要求是对所有大学的一般规定，而旨在培养应用型本科人才的应用技术型高校中所设置的实践课程所占比例偏低，不利于应用型本科人才能力的培养。

（3）综合课程、跨专业课程设置不足

应用型本科人才复合性和综合性的特点，决定了学校规定学生应选修一定的跨专业课程。目前虽然有些高校开设了一些交叉课程、跨学科课程等综合课程，以做到文理结合、理工渗透，例如，文科专业学生选择一些理科课程学习，理科专业学生选择一些文科课程学习，一些高校还规定了每个学生要修习 2—4 学分的跨学科课程，但从统计数据中可以看出，应用技术型高校中综合课程、跨学科课程的设置不足。开设跨专业选修课程的高校主要有：黄淮学院为 4 学分，占总学分的比例为 2.3%；温州大学为 8 学分，占总学分的比例为 5.0%；钦州学院为 17 学分，占总学分的比例为 9.4%。部分应用技术型高校鼓励学生跨专业、跨院系自由选课，但是在学习大量必修课程的前提下，学生并没有太多的精力和时间去选修其他课程，而且选修课程的总体质量不高。从访谈中了解到，一些高校选修课程的质量不高，学生把一些选修课程称为“水课”，多半是为了获得选修课程学分，学生整体收获不大。

第二节 应用技术型高校课程建设现状的调查分析

一、调查设计与实施

（一）调查目的与过程

课程是人才培养的载体，直接影响着人才培养的质量。应用技术型高校课程建设现状如何？又存在哪些问题？本书通过问卷法和访谈法，主要针对应用技术型高校课程建设的现状进行调查，了解应用技术型高校在课程目标、课程结构、课程内容、课程实施和课程评价等方面的现状及其存在的问题，在剖析应用技术型高校课程建设存在的问题及其原因的基础上，提出相应的建议，以便为应用技术型高校的课程建设提供参考和借鉴。

本书的问卷调查主要分为两个阶段：一是预测阶段。在课题申请前和课题获批后收集相关的文献资料，开始编写调查问卷。笔者编制好调查问卷后，经过反复修改，基本确定调查问卷。2017 年 4 月，在玉林师范学院预施测调查问卷，发放教师问卷 100 份，收回问卷 95 份；发放学生问卷 200 份，收回问卷 186 份。根据对回收问卷的分析以及教师和学生对问卷提出的反馈建议，完善调查问卷。二是正式发放调查问卷阶段。发放问卷主要集中在 2018 年 5—6 月，并按照预定的时间收回问卷。

（二）调查工具的设计

本书中的调查研究包括问卷和访谈两部分，对两部分调查研究的工具制作、样本的选择情况介绍如下。

1. 调查问卷的设计

本书研究在收集相关文献以及对教师、学生、学校管理者、用人单位等进行了解的基础上，编制了调查工具，包括调查问卷和访谈提纲两部分。调查问卷共 2 个，分别是“应用技术型高校课程建设教师问卷”“应用技术型高校课程建设学生问卷”。

2. 访谈提纲的设计

访谈提纲包括“应用技术型高校课程建设教师访谈提纲”“应用技术型高校二级学院或系主任访谈提纲”“应用技术型高校管理者访谈提纲”。

（三）调查对象

1. 问卷调查对象选择

本次问卷调查主要选取 6 所高校，其中，东部 2 所：厦门理工学院、肇庆学院；中部 2 所：黄淮学院、许昌学院；西部 2 所：玉林师范学院、钦州学院。这 6 所高校分布在我国东部、中部和西部地区，具有一定的代表性。这 6 所地方本科院校是应用技术型高校转型的试点学校，定位于建立应用型本科院校或培养应用型本科人才。通过对这些院校关于应用型人才的课程建设情况进行调查，本书旨在了解我国应用技术型高校课程建设的现状，总结案例学校在课程建设方面的成功经验以及存在的主要问题。

2. 访谈对象选择

本章重点使用实证数据分析方法讨论应用技术型课程建设的情况。为了更深入地了解应用技术型课程建设的现状及其存在的问题，本书研究还使用访谈法来验证经实证数据分析所得的相关结论，并试图挖掘实证数据分析结果的深层原因。访谈提纲主要包括对目前课程目标、课程结构、课程内容、课程实施和课程评价的改革意见及建议等。具体访谈对象的构成是应用技术型高校管理者 4 名，教师 6 名，学生 10 名，如表 3-12 所示。

表 3-12　访谈对象表

类别	编号	身份描述
管理者	E1	大学副校长
	E2	教务处处长
	E3	教务处处长
	E4	二级学院院长
教师	C1	大学文科教师
	C2	大学文科教师
	C3	大学理科教师
	C4	大学理科教师
	C5	大学工科教师
	C6	大学工科教师
学生	D1	大学二年级文科专业
	D2	大学三年级文科专业
	D3	大学三年级文科专业
	D4	大学四年级文科专业
	D5	大学四年级理科专业
	D6	大学四年级理科专业
	D7	大学四年级理科专业
	D8	大学三年级工科专业
	D9	大学四年级工科专业
	D10	大学四年级工科专业

（四）调查实施

1. 问卷样本分布情况

本书研究样本采用随机抽样的方法，共发放问卷 3600 份，其中学生问卷 3000 份，教师问卷 600 份。学生调查问卷情况如表 3-13 所示，教师调查问卷情况如表 3-14 所示。

表 3-13　样本学生的来源构成情况

类别		人数/人	占比/%
性别	男	1262	42.1
	女	1738	57.9
籍贯	农村	2082	69.4
	乡镇	386	12.9
	城市	532	17.7
年级	大一	850	28.3
	大二	850	28.3
	大三	900	30.0
	大四	400	13.3
学科	文科	1290	43.0
	理科	798	26.6
	工科	912	30.4
学校	厦门理工学院	500	16.7
	肇庆学院	500	16.7
	黄淮学院	500	16.7
	许昌学院	500	16.7
	玉林师范学院	500	16.7
	钦州学院	500	16.7

表 3-14　样本教师的来源构成情况

类别		人数/人	占比/%
性别	男	328	54.7
	女	272	45.3
学位	博士	138	23.0
	硕士	288	48.0
	学士	174	29.0

续表

类别		人数/人	占比/%
职称	教授	89	14.8
	副教授	149	24.8
	讲师	216	36.0
	助教	146	24.3
学科	文科	172	28.7
	理科	216	36.0
	工科	212	35.3
学校	厦门理工学院	100	16.7
	肇庆学院	100	16.7
	黄淮学院	100	16.7
	许昌学院	100	16.7
	玉林师范学院	100	16.7
	钦州学院	100	16.7

2. 信度与效度分析

在问卷数据录入完成之后，需要对其进行信度和效度检验，信度和效度是检验问卷是否有效的标准之一。

（1）信度分析

信度即问卷的可信程度，是指使用相同指标或测量工具重复测量相同事物时，检查结果是否具有一定的稳定性和可靠性。学生问卷信度检验统计情况如表 3-15 所示。

表 3-15 学生问卷信度检验统计情况

项目	α
课程满意程度	0.881
知识能力素质培养	0.917

采用克龙巴赫 α 系数对学生问卷进行信度检验。学生问卷中，“知识能力素质培养”（项目数为 20）的 α 系数为 0.917，“课程满意程

度”（项目数为 9）的 α 系数为 0.881。

教师问卷信度检测统计情况如表 3-16 所示。

表 3-16　教师问卷信度检验统计情况

项目	α
培养目标	0.831
知识能力素质培养	0.922

教师问卷中，“知识能力素质培养”（项目数为 20）的 α 系数为 0.922，“培养目标”（项目数为 9）的 α 系数为 0.831。

由表 3-15 和表 3-16 可知，学生问卷和教师问卷都有较好的信度，达到了问卷测量的要求，其测量结果是稳定、可靠的。

（2）效度分析

效度即有效性，是指测量工具或手段能够准确测出所需测量的事物的程度。学生问卷的 KMO 值为 0.912，大于 0.9，Bartlett 球形检验的近似 χ^2 值为 12 350.125，检验的显著性水平 p 为 0.000（$p<0.001$），达到显著性水平，表明各变量之间的相关性较强，适合做因子分析。教师调查问卷的 KMO 值为 0.925，大于 0.9，Bartlett 球形检验的近似 χ^2 值为 13 230.316，检验的显著性水平 p 为 0.000（$p<0.001$），达到显著性水平，表明各变量之间的相关性较强，适合做因子分析。

3. 数据整理与统计分析方法

本书研究采用的分析软件为 SPSS 19.0，在统计分析中，对应用技术型高校课程建设的现状使用描述性统计、t 检验和方差分析等方法，以探讨应用技术型高校课程建设的基本特征和影响因素。

二、应用技术型高校课程建设现状的描述统计

本书主要是对调查问卷中的课程目标、课程结构、课程内容、课

程实施和课程评价的数据进行描述性统计分析，以及结合学生、教师、管理者和用人单位的访谈，了解应用技术型高校课程建设现状，并对统计结果和访谈材料进行相应分析。

（一）培养目标方面

1. 教师和学生对培养目标认可度不高

学校的培养目标只有被大学生认可，才可能被大学生接受并成为其行动指南。对于大学教育应该培养学生哪方面的知识、能力和素质，调查显示，学生认为最重要的五项能力素养依次是专业知识与技能、人际交往能力、社会责任感、分析与解决问题能力、社会适应能力；学生认为不重要的能力素养依次是外语与计算机能力、政治素养、获取信息能力等。教师认为最重要的五项能力素养依次是专业知识与技能、社会责任感、职业道德、团队合作能力、人际交往能力；教师认为不重要的能力素养依次是外语与计算机能力、获取信息能力、组织管理能力等。

从调查结果（表 3-17）来看，被调查的教师和学生认为专业知识与技能、人际交往能力、社会责任感等是大学生应该具备的能力素养，教师和学生一致认为外语与计算机能力、获取信息能力等的培养对学生的重要性不大。由此可见，有些能力素养是学校强调而教师和学生认为不重要的，如外语与计算机能力等。

表 3-17　学生应该具备的能力素养排序统计

知识能力素养	学生		教师	
	频率/%	排序	频率/%	排序
专业知识与技能	87.6	1	85.0	1
人际交往能力	70.2	2	47.3	5
社会责任感	53.9	3	62.2	2
分析与解决问题能力	53.0	4	34.1	9

续表

知识能力素养	学生		教师	
	频率/%	排序	频率/%	排序
社会适应能力	47.0	5	42.7	7
团队合作能力	44.4	6	51.8	4
职业道德	39.1	7	52.1	3
终身学习能力	34.3	8	43.6	6
组织管理能力	30.1	9	30.2	10
获取信息能力	22.8	10	20.7	11
政治素养	20.6	11	36.9	8
外语与计算机能力	15.6	12	15.9	12

2. 学校培养目标模糊

学校的培养目标是人才培养活动的出发点和归宿，对课程建设具有重要的指导作用。应用技术型高校明确提出了应用型本科人才的培养目标，不再盲目攀高，而是根据学校的实际情况进行较为理性的定位。从本书调查结果可以看出，教师知道所在学校将人才培养目标定位为应用型本科人才，但不清楚应用型本科人才应具备哪些知识、能力和素质：58.8%的人选择不清楚/很不清楚，35.3%的人选择基本清楚，5.9%的人选择清楚/非常清楚。进一步访谈也发现，管理者和教师对应用型本科人才应具备哪些知识、能力和素质尚不清楚。

学校的培养目标模糊，原因在于：一方面，管理者不清楚学校的人才培养规格；另一方面，“法”定层面的培养目标较为笼统。2018年，《中华人民共和国高等教育法》第四条和第五条规定：“高等教育必须贯彻国家的教育方针，为社会主义现代化建设服务、为人民服务，与生产劳动和社会实践相结合，使受教育者成为德、智、体、美等方面全面发展的社会主义建设者和接班人。”“高等教育的任务是培养具有社会责任感、创新精神和实践能力的高级专门人才。”1981

年，国务院批准实施《中华人民共和国学位条例》，2004 年第十届全国人民代表大会常务委员会第十一次会议通过的《中华人民共和国学位条例》规定，获学士学位者，须“较好地掌握本门学科的基础理论、专门知识和基本技能”，“具有从事科学研究工作或担负技术工作的初步能力”。

从《中华人民共和国高等教育法》《中华人民共和国学位条例》的规定中可以看出，本科层次应达到的共同要求是，培养具有创新精神和实践能力的高级专门人才,使其较好地掌握本门学科的基础理论、专业知识和基本技能，为社会建设服务。高等教育大众化对人才的需求是多样化的，“法”定层面的培养目标只是对高等学校人才培养提出的共性要求，不同类型学校的人才培养目标还需在其指导下根据学校的实际情况制定。

3. 课程目标不明确

师生对课程目标的认识比较如表 3-18 所示。课程目标是指课程体系目标和单一课程目标。课程目标是学校、学院、专业培养目标在人才培养过程中的具体化，影响着课程结构的设置、课程内容的选择、课程教学方式的使用以及课程评价的方式等。显然，课程目标是否具体、明确制约着学校的培养目标能否有效实现。

表 3-18 师生对课程目标的认识比较 单位：%

类别	知识	能力	素养	不明确	其他
教师	14.1	65.3	19.6	0.9	0
学生	47.4	32.5	6.6	11.6	1.9

从各校网站上发现，案例高校均没有明确规定课程目标，如通识教育体系课程目标,但我国台湾地区的各高校均清晰地提出了课程体系目标和单一课程目标；从访谈教师和学生的反馈来看，他们认为课

程目标不明确，甚至认为课程目标就是知识的传授。围绕课程目标问题，访谈对象 C1 教师认为，“目前课程目标还不明确，缺乏指向性和针对性；课程目标对课程结构、课程实施、课程评价等没有指导作用”。

世界各国都在追求培养学生的能力和素养，应用技术型高校应以培养学生能力为主，但是在实际中，各高校仍然唯知识至上。调查结果显示，在对课程目标的认识上，有 47.4%的学生选择注重知识的传授，可见，有将近一半的学生认为课程目标就是知识的传授；有 32.5%的学生选择能力的提高，从中可以看出，学校开始从只重视知识的传授转变到关注学生能力的培养。在课程目标的落实情况上，有 21.1%的学生选择很满意/比较满意，有 56.4%的学生选择一般，有 22.5%的学生选择不满意/很不满意。访谈对象 D1 大学生认为，“课程目标仍以讲授知识为主,对学生能力培养和素质培养的关注远远不够。课程大多是学校自己设置的，也不征求同学们的意见，所以，学校没有全面了解应培养学生具备什么样的能力素养，对学生需求、兴趣和爱好较少考虑”。

此外，65.3%的教师认为课程目标注重培养学生的能力，仅有 14.1%的教师认为课程目标注重知识的传授。从调查结果分析来看，教师和学生对课程目标的认识有所不同。多数教师认为课程目标更注重能力的培养，而将近一半的学生认为课程目标更注重知识的传授。我们从上面的实证分析中可以看出，学校的课程结构、课程内容、课程实施以及课程评价等均注重知识的掌握，所以比较赞同学生的观点。

学校的培养目标和专业培养目标的制定较为笼统、模糊，针对性和指向性不强，对课程目标没有起到很好的指导作用。由于受到传统教育教学观的影响，部分教师认为，知识是客观的、中立的，学校是传承知识的场所，教师的作用是传道、授业和解惑。当前学校的课程目标仍过于强调知识的传授，忽视学生的能力提高和人文素质的养成。

4. 培养目标制定主体相对单一

应用技术型高校专业人才培养方案的参与人员情况如表 3-19 所示。

表 3-19　专业人才培养方案的参与人员情况（*N*=558）

参与人员	学科专家	个别教师	学生代表	社会人士	其他
回答人数/人	236	143	61	65	53
频率/%	42.3	25.6	10.9	11.6	9.5

应用技术型高校培养应用型人才，需要利益相关者参与其中，由此培养出的人才才能更好地满足社会发展需要。虽然应用技术型高校意识到了不同利益相关者参与制订人才培养方案的重要性和必要性，但是调查结果显示，42.3%的教师认为学科专家参与了人才培养方案的制订，25.6%的教师认为个别教师参与了人才培养方案的制订，11.6%的教师认为社会人士参与了人才培养方案的制订，10.9%的教师认为学生代表参与了人才培养方案的制订。不论是学校的培养目标还是各专业的培养目标，都主要是由学科专家制定的，教师、学生、用人单位等不同利益相关者的参与机会较少。学校在这种情况下制定出的培养目标存在两方面问题：一方面，学校的教育改革不能调动教师和学生参与的积极性，办学理念和人才培养目标等不能得到师生的认可，进而会影响其实施效果；另一方面，学校在改革发展过程中没有及时听取利益相关者的意见和建议，采取相对封闭的办学模式，较难满足学生和社会的发展需求。

课程结构中实践课程偏少、课程内容理论性强、课程实施注重知识的掌握、课程评价手段单一等方面均能佐证课程目标注重知识的传授。访谈对象 E2 教务处处长表示，其所在学校是要转型为应用技术型高校的新建本科院校，他认为，“新建本科院校在开始升本的时候没有办本科院校的经验，就模仿或者照搬老牌本科院校的办学模式。随着时间的不断推进，在办学过程中，新建本科院校不断摸索办学的道路，并能逐渐寻求适合自己的办学定位和发展道路，但是企业行业、用人单位等在高校人才培养过程中的参与较少”。

（二）课程结构方面

师生对课程结构的认识比较如表 3-20 所示。课程结构是课程目标转化为人才培养目标的关键环节，在课程建设中具有重要的作用。培养应用型本科人才的课程结构应突出以能力为中心的课程观，充分体现以社会需求为导向、以能力为本位的人才培养特点。由于受到传统的根深蒂固的知识取向课程观的影响，目前培养应用型本科人才的课程结构在培养学生能力方面还不尽如人意。因此，为了培养应用型本科人才，就要处理好理论课程与实践课程、必修课程与选修课程、公共课程与专业课程之间的关系。

表 3-20　师生对课程结构的认识比较　　单位：%

类别	必修课程		理论课程		公共课程	
	教师	学生	教师	学生	教师	学生
非常多/较多	57.2	46.9	70.8	67.7	58.5	43.7
一般	35.3	38.3	24.2	20.7	29.1	29.8
较少/太少	7.5	14.7	4.9	11.6	12.3	26.5

1. 理论课程占主导地位，实践课程薄弱

实践课程是培养学生能力的核心环节，培养应用型本科人才要强调实践课程。从对 12 所案例高校本科人才培养方案的分析、问卷与访谈结果中可知，这些向应用技术型转型的地方本科院校已经意识到实践课程对应用型人才的培养具有重要价值。一些案例应用技术型高校

的实践课程学分占总学分的比例甚至超过了 40%，例如，合肥学院的实践课程学分占总学分的 45.8%，黄淮学院的实践课程学分占总学分的 43.1%，厦门理工学院的实践课程学分占总学分的 40.7%。但是，应用技术型高校在实践课程学分或效果等方面存在一些问题。在学生对理论课程与实践课程的认识上，有高达 67.7%的同学认为理论课程非常多/较多，实践课程太少，只有 11.6%的同学认为理论课程较少/太少；在询问学生对课程结构中实践课程所占的比例是否满意时，有 14.7%的学生选择很满意/比较满意，有 43.1%的学生选择一般，有高达 42.2%的学生选择不满意/很不满意。在教师对理论课程与实践课程的认识上，有 70.8%的教师认为理论课程非常多/较多，有 4.9%的教师认为理论课程较少/太少。教师和学生对实践课程的认识是一致的。访谈对象 D2 大学生表示，"实践课程较少，实践能力培养效果不明显。学校教学实验设备较少，学生做实验很受限制，并且学生见习的机会也不多，只有到大四才有机会去见习"。

分析案例学校的人才培养方案发现，各校的实践课程学分占总学分的比例大多为 20%—30%。虽然各案例学校的设置均达到了教育部规定的"人文社会科学类专业一般不应少于总学分（学时）的 15%，理工农医类专业一般不少于总学分（学时）的 25%"的要求，但这一要求仅是教育部对学校的一般、共性规定，作为培养应用型本科人才的应用技术型高校，其实践课程所占的比例要高于教育部规定的比例，并且当前高校的实践课程中大多包含军事训练、入学教育、集体劳动等，真正的实践课程所占比例并不高。参照德国应用科技大学实践课程学分比例为 40%—50%以及我国合肥学院的实践课程学分所占比例在 40%以上，可以发现，当前我国应用技术型高校的课程结构中，理论课程占主导地位，实践课程太少，不利于应用型本科人才能力的培养。

2. 必修课程较多，选修课程较少

必修课程是让学生掌握一定的基础知识和技能，确保该专业培养人才的质量能达到规定和要求；而选修课程是让学生自主选择的课程，以便满足学生的兴趣和爱好，强化课程的适应能力，促进学生自主性及个性的发展。所以，必修课程与选修课程是促进学生全面发展必不可少的两个方面。目前，高校普遍存在重视必修课程轻视选修课程，导致必修课程多、选修课程少的现象，这一方面是由于当前高校的课程管理仍沿袭传统的“公共基础课、专业基础课、专业课”的“金字塔”的课程模式，选修课程开设较少；另一方面是由于高校一直重视对学生共性的培养，对学生个性的关照不足。但是，当前高校课程中在有限的选修课程方面还存在诸多的问题，如选修课程分为限选选修课程和任意选修课程，其中限选选修课程几乎等于必修课程。

关于必修课程与选修课程，学生对必修课程的认识是，46.9%的学生认为必修课程非常多/较多，38.3%的学生选择一般，14.7%的学生认为必修课程较少/太少。我们从中可以看出，学生认为课程结构中的必修课程所占比例偏高。进一步追问“学生对课程结构中选修课程所占比例是否满意”，有 20.7%的学生选择很满意/比较满意，有 52.0%的学生选择一般，有 27.3%的学生选择不满意/很不满意。教师对必修课程的观点是，有 57.2%的教师认为必修课程非常多/较多，仅有 7.5%的教师认为必修课程较少/太少。访谈对象 D3 大学生表示，“学校可供学生选择的选修课程太少，学校选课系统打开，我们就要赶紧去选，但是我们很难选到自己满意的课程。学校或学院规定了必修课程，除了必修课程外，需要选择的选修课程学分很少，并且教师不重视选修课程，课程实施效果较差，很难从选修课程中学到东西”。

3. 通识教育课程偏多，专业课程不足

通识教育课程旨在培育学生的人文修养，提高学生的自主判断能力、批判能力等。但是，我国的通识教育课程中，外语课程、政治理论课程、计算机课程占有相当高的比例，这类课程更多是提供给学生工具性知识，而并不适应培养具有人文修养和健全公民的需要。对于公共课程与专业课程，有 43.7%的学生认为公共课程非常多/较多，有 26.5%的学生认为公共课程较少/太少，有 29.8%的学生选择一般。从调查结果来看，在课程结构中，教师和学生对公共课程的认识一致，绝大多数教师认为学校的公共课程太多，而有一部分学生认为学校的公共课程较少或太少。进一步访谈学生发现，有些学生对公共课程的内涵认识不是很清楚，有的学生认为公共课程指的是公共选修课程，并据此判断公共课程较少。还有的学生则认为公共课程主要分为两部分：一部分是公共基础课程，开设较多；另一部分是公共任意选修课程，开设太少。

（三）课程内容方面

1. 课程内容理论性较强

教师对课程内容理论性强还是应用性强的认识如图 3-1 所示。有 59.6%的教师认为课程内容的理论性很强/理论性较强，有 30.9%的教师选择一般，只有 9.5%的教师选择应用性很强/应用性较强。课程内容注重理论性和系统性，偏重概念推理和分析，不注重运用科学方法和知识解决实际问题，应用性不强，不利于学生应用能力的培养。这会导致学校培养的人才既不具备研究型大学的学术性素养，也不具备

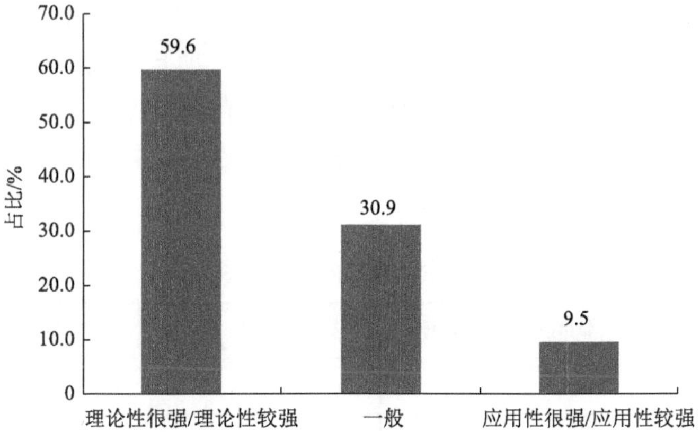

图 3-1 教师对课程内容的偏向情况认识

高职技能型大学的实践能力。这些教材更多考虑到知识的理论性和系统性，而不是根据学生的思维发展以及学生的兴趣、需要和经验背景来选择和组织课程内容，因此，学生就很难理解、接受这些知识，进而会影响人才培养的质量。访谈中的管理者、教师和学生都一致认为，课程内容理论性较强，学生较难接受和理解学习的内容。

访谈对象 C2 教师认为，“地方本科院校尤其是新建本科院校，由于是专升本学校，在学术方面比以前的要求更高了，而在技能方面的要求就降低了。学校重视学科基础课程、专业方向课程，但是由于这些课程的理论性强，学生较难接受所学内容，培养的学生具备的学科知识不扎实，由此造成教育资源的浪费”。访谈对象 D4 大学生认为，“课程内容理论性太强了，课程内容也太难了，我们几乎听不懂老师的讲解,并且学校为我们选择的教材与社会需要存在一定的脱节，毕业以后几乎用不上这些内容”。

2. 课程内容前沿性不足

师生对课程内容前沿或陈旧的认识如表 3-21 所示。随着社会经济、科学文化以及人自身的发展变化，课程内容必然要发生变化并且逐渐推陈出新，一些反映科学技术的新观点、新技术能否被及时加入课程中，直接关系到学生能否及时了解其专业领域的前沿知识。在对课程内容新颖情况的认识上,有 18.1%的学生选择非常前沿/比较前沿，有 63.5%的学生选择一般，有 18.4%的学生选择非常陈旧/比较陈旧；有 20.6%的教师选择非常前沿/比较前沿，有 51.7%的教师选择一般，有 27.7%的教师选择非常陈旧/比较陈旧。

表 3-21　师生对课程内容前沿或陈旧的认识　　单位：%

类别	非常陈旧/比较陈旧	一般	非常前沿/比较前沿
教师	27.7	51.7	20.6
学生	18.4	63.5	18.1

3. 课程内容满意度较低

师生双方对课程内容适应性的认识如表 3-22 所示。在课程内容是否适应学生的需求这一问题上，有 14.0%的学生认为非常适应/比较适应，有 49.2%的学生选择基本适应，还有 36.8%的学生选择不能适应/很不能适应。教师调查问卷结果显示，有 46.2%的教师选择非常适应/比较适应，有 41.8%的教师选择基本适应，还有 12.0%的教师选择不能适应/很不能适应。在对所学的教材是否满意这一问题上，有 24.1%的学生选择很满意/比较满意，有 52.9%的学生选择一般，有 23.0%的学生选择不满意/很不满意。目前，应用技术型高校的教材偏理论性，不能很好地适应培养高素质应用型人才培养目标定位。

表 3-22　师生双方对课程内容适应性的认识

类别	非常适应/比较适应		基本适应		不能适应/很不能适应	
	人数/人	占比/%	人数/人	占比/%	人数/人	占比/%
学生（N=2762）	387	14.0	1359	49.2	1016	36.8
教师（N=558）	258	46.2	233	41.8	67	12.0

课程内容的选择与组织是一个重要而又复杂的问题。课程内容是构成课程的中心内容，是师生开展教学活动的重要载体。目前，我国大学课程内容的组织基本上是“以学科为中心”，注重知识的系统性和理论性。应该承认，从某种程度上讲，重视学生掌握学科的基本结构有助于学生将所学知识迁移至其他方面和促进学生智力的发展，但同时其在一定程度上忽视了学生和社会发展的需求，也不利于学生能力的培养。

（四）课程实施方面

1. 教学方法相对单一

教师使用教学方法情况如表 3-23 所示。教学方法是实现教学目标的途径，教师能否恰当地选用教学方法，成为其能否完成任务、实现预期目标的决定性因素。在课堂教学上，74.9%的学生认为教师使用了讲授法，13.6%的学生认为教师使用了讨论法，16.0%的学生认为教师使用了问题教学法。56.4%的教师认为其使用了讲授法，27.3%的教师认为其使用了案例教学法，24.5%的教师认为其使用了讨论法，20.9%的教师认为其使用了问题教学法。从调查结果中可以看出，当前教师在课堂教学中尝试使用多种教学方法，如讲授法、案例教学法、问题教学法等，以调动学生的学习积极性，但是仍以讲授法为主。

表 3-23　教师使用教学方法情况　　单位：%

类别	讲授法	讨论法	案例教学法	问题教学法	实验法	其他
教师	56.4	24.5	27.3	20.9	14.7	0.6
学生	74.9	13.6	26.5	16.0	14.3	2.4

教师和学生一致认为，在课堂教学中，教师使用最多的是讲授法，其次是案例教学法，使用较少的是问题教学法和实验法。我们不能简单地判断哪种教学方法的好坏，因为课程性质、教学任务不同，使用的教学方法也会有所不同；我们也不能简单地说讲授法不好，确实有些课程、教学任务是比较适合使用讲授法的。但是在课堂教学中，单一使用讲授法很难完成教学任务和实现课程目标，尤其是在培养应用型本科人才的过程中更注重培养学生的各项能力。学生只有在“做中学”，才能发挥学生的主体性和主动性，才能更好地锻炼学生的能力。

访谈对象 E4 二级学院的院长认为，“教师在课程实施过程中一味讲，学生被动地听。师生之间缺乏互动、交流，教师较少使用一些新的教学方法，如项目教学、案例教学等。不是说教师很多年不换教案，但是三年或五年不换教案的人大有人在”。访谈对象 D5 大学生认为，“教师授课只是采用讲授的方式，缺乏讨论与实践；单纯地注重传授理论知识，不注重学生能力的培养，并且教师在教学过程中很少能够做到理论联系实际”。

当询问学生“什么教学方法最能促进学生的发展”时，52.5%的学生选择了案例教学法，42.5%的学生选择了实验法，33.9%的学生选择了讨论法，24.5%的学生选择了问题教学法，仅有15.2%的学生选择了讲授法。从调查结果来看，在课程实施中，74.9%的学生认为教师使用了讲授法，但只有15.2%的学生认为讲授法能促进学生的发展，两者之间形成了鲜明对比。诚然，学生对教师过多地使用讲授法较为不满。目前，大家都意识到教学方法亟须改革，但是传统教学中“以教师为中心、以课堂为中心、以教材为中心”的现象依然存在，灌输式的讲授法仍在整个大学课堂中占有很高比例，势必会影响学生能力的培养，以及学生素质的养成。

2. 教学过程较为注重知识传授

师生对教学不同侧重的认知比较如表3-24所示。学生普遍认为教学过程中注重知识传授而忽视能力培养，51.1%的学生认为教学过程中侧重学生的知识传授，31.7%的学生认为侧重学生的能力提高；高达64.2%的教师认为教学过程中侧重学生的能力提高，仅有13.1%的教师认为侧重学生的知识传授。

表3-24　师生对教学不同侧重的认知比较　　单位：%

类别	知识	能力	素质	不明确	其他
教师	13.1	64.2	21.3	0.8	0.6
学生	51.1	31.7	7.3	9.4	0.5

在教学过程中是侧重知识传授还是注重能力培养，教师和学生对这个问题的观点存在较大分歧。针对这个问题，本书比较赞成学生的观点，一是因为教师的教最终要落实到学生的学上，学习效果如何，

只有学生最有发言权；二是因为教师往往想当然地认为其在教学过程中重视对学生能力的培养，但是教师使用的教学方法更多的是在讲台上进行“自我表演”，很难培养学生的能力。

3. 教学过程中理论与实际脱节

教师在教学过程中理论联系实际的情况如表 3-25 所示，学生的观点是，有 28.0%的学生选择教师理论联系实际的情况非常多/比较多，有 71.1%的学生选择偶尔/很少，有 0.8%的学生选择从不；教师的观点是，有 76.0%的教师选择教师理论联系实际的情况非常多/比较多，有 22.9%的教师选择偶尔/很少，有 1.1%的教师选择从不。学生和教师在教学理论联系实际的认识方面存在很大分歧，教师认为自己在教学过程中能够很好地做到理论联系实际，而学生认为教师在教学过程中不能很好地做到理论联系实际。访谈对象 D6 大学生认为，“多数教师在课堂教学上，就理论讲理论，照本宣科或照屏宣读，很少能结合实际问题来讲，并且教师自身对实际情况都不是很了解，所以很难做到理论结合实际了”。前文得出的课程实施中教学方法较单一、课程评价比较注重学生对知识的掌握，可以印证教师在教学过程中注重知识传授这一情况。

表 3-25　教师在教学过程中理论联系实际的情况　　单位：%

类别	非常多/比较多	偶尔/很少	从不
教师	76.0	22.9	1.1
学生	28.0	71.1	0.8

4. 班级规模较大

德国应用科技大学的课程教学班级规模一般很小，学生可以在课堂上进行充分、有效的交流，以便培养学生的交流沟通等能力。此外，一些教学方法只有在班级规模较小的群体中才能更好地发挥其功能，如案例教学、合作教学、现场教学等。本书调查结果显示，当询问学生上课时大多数班级的人数时，12.6%的学生认为班级规模在 30 人以下，51.3%的学生认为班级规模在 31—60 人，36.1%的学生认为班级规模在 60 人以上。

5. 兼职教师数量不足

兼职教师到案例学校的任课情况如表 3-26 所示。从表 3-26 中可以看出，有 69.4%的学生选择没有兼职教师到学校上课，有 17.2%的学生选择每学期兼职教师有 1—2 次到学校上课，有 13.4%的学生选择每学期兼职教师有 3 次及以上到学校上课；有 45.4%的教师选择没有兼职教师到学校上课，有 30.4%的教师选择每学期兼职教师有 1—2 次到学校上课，有 24.2%的教师选择每学期兼职教师有 3 次及以上到学校上课。

表 3-26　兼职教师到案例学校任课情况　　　　单位：%

类别	0 次	1—2 次	3—4 次	5—6 次	6 次以上
学生	69.4	17.2	6.1	5.2	2.1
教师	45.4	30.4	17.2	2.1	4.9

（五）实践教学环节方面

实践教学是培养应用型人才不可或缺的环节，能够培养学生的沟通协调能力、团队合作能力和综合能力等。由于某些原因，实践教学在人才培养中还是个“短板”，高校没有充分发挥实践教学在应用型人才培养中的作用。实践教学环节包括专业见习、专业实习、课程设计、社会调查、毕业论文设计等教学活动。

1. 专业实习时间较短

案例高校专业实习时间情况如表 3-27 所示。调查结果显示，41.9%的学生选择了 1—3 个月，19.5%的学生选择了 4—6 个月，3.9%的学生选择了 7—9 个月，2.0%的学生选择了 10—12 个月，还有 32.7%的学生选择了不清楚。根据调查问卷、访谈和人才培养方案发现，案例高校的专业实习时间是 1—3 个月。

表 3-27　专业实习时间情况（N=2762）

时间	1—3 个月	4—6 个月	7—9 个月	10—12 个月	不清楚
人数/人	1157	539	108	55	903
比例/%	41.9	19.5	3.9	2.0	32.7

专业实习对培养学生的实践能力和职业素养有着不可替代的作用。1—3 个月的专业实习对于培养学生的能力和素养是否充足？对于这个问题，教师的观点是，28.3%的教师选择非常充足/比较充足，45.8%的教师选择一般，25.9%的教师选择比较少/很少。可见，专业实习时间设置为 1—3 月较短，不能满足应用型人才培养目标的需求。

2. 专业实习效果不好

师生对实践教学的评价如表 3-28 所示。19.4%的学生认为专业实习效果非常好/比较好，55.7%的学生认为专业实习效果一般，24.9%的学生认为专业实习效果比较差/很差；43.3%的教师认为专业实习效果非常好/比较好，49.3%的教师认为专业实习效果一般，7.4%的教师认为专业实习效果比较差/很差。

表 3-28　师生对实践教学的评价　　单位：%

类别		非常好/比较好	一般	比较差/很差
教师	基地作用	41.7	46.9	11.3
	实习效果	43.3	49.3	7.4
学生	基地作用	25.3	48.1	26.6
	实习效果	19.4	55.7	24.9

从表 3-28 中可知，25.3%的学生认为实习实训基地发挥作用非常好/比较好，48.1%的学生认为实习实训基地发挥作用一般，26.6%的学

生认为实习实训基地发挥作用比较差/很差；41.7%的教师认为实习实训基地发挥作用非常好/比较好，46.9%的教师认为实习实训基地发挥作用一般，11.3%的教师认为实习实训基地发挥作用比较差/很差。

专业实习效果不佳的重要原因是实习实训基地没有很好地发挥作用。校企合作还存在诸多不足之处，企业和学校共同培养人才的动机不强，学校也没有积极寻求与企业深入合作的机会。从德国应用科技大学培养应用型人才的经验来看，校企紧密合作，才能培养出高素质应用型人才，仅靠学校的单方面培养，很难培养出社会需要的人才。

3. 实践教学安排不恰当

访谈教师和学生一致认为，实践教学安排在大学第 7 学期和第 8 学期是不恰当的，这一方面会影响实习效果，大学生在这段时间内忙着写论文、找工作，无心去实习，这样会导致实习流于形式，发挥不了其应有的作用；另一方面，学生不能较早地了解和感受实践。学校很少安排大一、大二、大三的学生深入企业进行认知实习或见习，学生不能做到边理论学习边实践学习，由此割裂了校内与校外、课内与课外的有机联系。

德国应用科技大学在第 4（第 5）学期和第 7 学期安排了 2 个模块的项目设计。专业实习安排一般是两个学期，第一个实践学期为第 6 学期和第 8 学期。专业课中理论教学与实践教学结合得很紧密，有一部分课程的理论教学与实践教学甚至达到 1：1。合肥学院在第 4 学期后增加了 1 个小学期，该学期是学生的认知实习学期。实践教学贯穿大学四年，或者让学生较早经历实践，一方面可以使学生对工作有更深入的了解和感受；另一方面，在实习过程中，学生能够意识到自己在知识、能力和素质方面存在的不足，以便自己在今后的学习中能更有针对性。

从以上分析中可以看出，由于专业实习时间较短、专业实习效果不好、实践教学安排不恰当等，案例高校的实践教学效果受到了影响。

（六）课程评价方面

课程评价是大学课程建设中不可缺少的重要组成部分，是保证课程质量的重要环节。课程评价在帮助应用技术型高校发挥课程特色和优势、发现课程建设过程中的问题和不足、找出这些问题和不足的原因，以及促进学校课程与教学改革方面都有积极的作用。

1. 课程评价过于注重知识掌握

师生对课程评价的偏向情况如表 3-29 所示。高达 65.6%的学生认为课程评价侧重学生知识的系统掌握，高达 70.9%的教师认为课程评价侧重学生能力的提高。就课程评价是注重学生知识掌握还是能力，教师和学生的认识存在较大的分歧。从调查结果来看，评价方式仍以单一“仅用期末考试”为主，考核以“闭卷考试”的形式进行，这些评价方式和手段均侧重测试学生对知识的掌握情况，而不是能力的提高。

表 3-29 师生对课程评价的偏向情况 单位：%

类别	知识的系统掌握	能力的提高	素质的提高	其他
学生	65.6	24.8	5.8	3.8
教师	12.9	70.9	15.3	0.9

从以上分析中不难看出，课程评价的重点仍是知识掌握情况，而不是测评学生能力提高情况如何。作为应用技术型高校，其在本科人才培养方面应该注重对学生能力的考核，但目前应用技术型高校的课程评价与强调能力的培养目标存在较大的偏差。教师和学生对该问题的回答截然不同，教师认为在教学中注重学生能力的培养，选择教材能适应学生的发展，并且能够做到理论联系实际，教师更多是从教的角度出发，而较少关注学生的真正收获。

2. 课程评价形式单一

师生对课程评价方式的使用情况如表 3-30 所示。75.5%的学生选择闭卷考试，15.6%的学生选择开卷考试，3.4%的学生选择学期论文；75.8%的教师选择闭卷考试，11.7%的教师选择开卷考试，7.0%的教师选择学期论文。教师和学生一致认为目前在课程评价中主要采取闭卷考试的方式，闭卷考试仍占主导地位。要想实现应用型人才培养目标，高校还应该丰富评价形式，实现多样化评价方法，由此才能真正做到课程评价与培养目标相契合。访谈对象 C3 教师认为，“课程评价手段、形式单一，没有一定的标准遵循，缺乏健全的评价机制。课程评价主要是以期末成绩为主，不注重平时成绩；考试考的多是死记硬背的东西，很难做到学以致用”。

表 3-30　师生对课程评价方式的使用情况　　单位：%

类别	学期论文	闭卷考试	开卷考试	其他方式
学生	3.4	75.5	15.6	5.5
教师	7.0	75.8	11.7	5.5

就课程评价本身而言，需要由以系统知识掌握为中心的标准转向以能力为本、以学生为中心的标准，淡化终结性评价，强化过程评价和教育发展功能。从评价的内容来看，需要由关注知识向关注能力转移。[①]就评价的形式来看，通过问卷和访谈结果可以看出，师生均认为应改革现在比较单一的闭卷、笔试考试方式。

3. 课程实施效果的评价

经过大学学习后，大学生各方面的能力素养均有所提高，学生对大学生各方面进步情况的认识如表 3-31 所示。学生认为提高较高的前

① 周海涛. 大学课程研究[M]. 北京：中国社会科学出版社，2008：99.

五项依次是团队合作能力、自学能力、人际交往能力、社会适应能力、获取和使用信息的能力。从学生调查问卷的均值来看，学生一致认为自己在专业技术知识、团队合作能力、人际交往能力方面有较大的提高，而在自然科学知识、社会科学知识、科学素养、外语能力、书面表达能力方面的提高不显著。学校课程开设自然科学和社会科学课程较少，所以学生在这方面的能力提高较低。外语课程与思想政治课程在高校课程中占有一定比重，但学生在外语能力、政治素养方面提高较低，由此可以判断这类课程虽然多，但是实施效果不理想。访谈中，学生普遍反映存在外语课程与思想政治课程实施效果不佳的问题。

表 3-31　学生对大学生各方面进步情况的认识（*N*=2762）

类别	均值	排序
团队合作能力	3.44	1
自学能力	3.44	1
人际交往能力	3.41	2
社会适应能力	3.40	3
获取和使用信息的能力	3.39	4
职业道德提高	3.38	5
专业技术知识	3.33	6
分析和解决问题能力	3.33	7
协调能力	3.30	8
人文素养	3.24	9
计算机能力	3.24	9
组织管理能力	3.20	10
口头表达能力	3.16	11
政治素养提高	3.16	11
科学素养	3.07	12
书面表达能力	2.89	13
与就业相关的知识	2.87	14

续表

类别	均值	排序
社会科学知识	2.85	15
自然科学知识	2.71	16
外语能力	2.49	17

第三节　影响课程建设的主要因素分析

一、应用技术型高校课程建设影响因素

影响课程建设的因素如图 3-2 所示。关于影响应用技术型高校课程建设的因素，有 71.2%的教师选择了教育观念，有 63.2%的教师选择了师资队伍，有 41.1%的教师选择了课程管理，有 40.5%的教师选择了培养目标定位，有 34.7%的教师选择了经费投入，而仅有 25.2%的教师选择了教材选用。按照影响程度从大到小进行排序，分别是教育观念、师资队伍、课程管理、培养目标定位、经费投入、教材选用和其他。从中可以看出，教师普遍认为教育观念对课程建设的影响最大，其次是师资队伍。

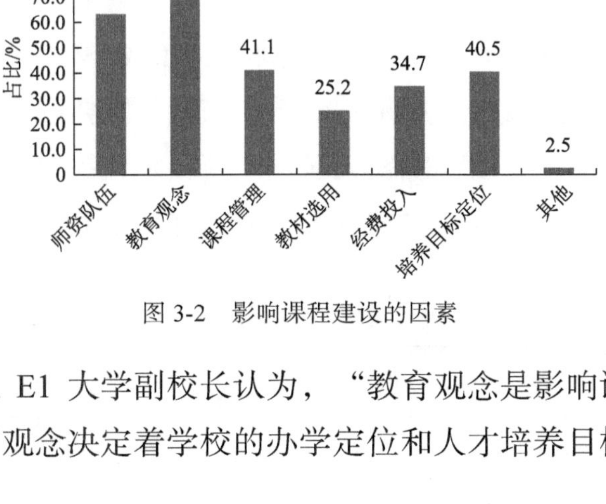

图 3-2　影响课程建设的因素

访谈对象 E1 大学副校长认为，“教育观念是影响课程建设的重要因素。教育观念决定着学校的办学定位和人才培养目标，人才培养

目标又决定着课程建设。尤其是专升本的新建本科院校，要想获得内涵升本，必须转变从专科升本科的教育观念”。从访谈结果来看，受访者均认为教育观念对课程建设具有重要的影响，有什么样的教育观念，高校就会倾向于采取什么样的行为。上述访谈对象的描述可以验证本书研究数据分析的结论，即教育观念、师资队伍对课程建设具有重要的影响。

师资队伍是制约应用技术型高校人才培养的关键因素。访谈对象C3 教师认为，“师资队伍是影响学校人才培养质量的关键要素。对课程的理解和课程实施效果如何，主要与教师素质有关。对于应用技术型高校来说，加强教师队伍建设，提高教师专业素质和教学能力对课程建设有至关重要的影响”。应用技术型高校的师资在数量和质量上存在较大的问题。应用技术型高校的师资队伍远不能满足应用型人才培养的需要。从目前来看，大多数在职教师缺乏行业等方面的经历，特别是工程、管理、法律、金融、营销等专业的教师，专业实践素养的缺乏会直接影响课程建设的水平。①这些年在许多高校开展的学生评教中，成绩不理想的往往是一些年轻的拥有硕士、博士学位的教师，缺乏教学经验和实践经验不能不说是其中的主要原因。②此外，到学校上课的兼职教师偏少，每个学校的兼职教师在学校所占的比重不小，但是真正来学校上课的教师却少之又少。从访谈和问卷调查结果中可以发现，有 69.4%的学生选择没有兼职教师到学校上课。

应用技术型高校之所以重学轻术，与教师主体的学术型知识结构特征相关。近年来，新建院校大量补充新教师，主要是高学历的青年教师。由于他们大多数来自重点大学或研究生培养能力较强的大学，

① 雷炜. 高校课程建设现状分析与对策研究[J]. 高等工程教育研究，2008(1)：103-106.

② 姚君. 地方本科院校课程体系优化研究——以 N 大学为个案[D]. 华东师范大学硕士学位论文，2008：32.

其学术性倾向相当明显，知识结构也以学术型为主。教师主体的学科型和知识结构的学术型不仅与实践型和应用型人才培养目标定位不匹配，也使得应用型人才培养目标无法落实。所以，新建院校要实现应用型人才培养目标的转向，就要大力改造教师的学术型知识结构，培养适应应用型人才培养的双师型、双能型师资队伍。

二、不同影响因素与应用技术型高校课程建设的相关分析

（一）学生方面影响因素与应用技术型高校课程建设的相关分析

学生方面，不同影响因素与应用技术型高校课程建设的相关情况如表 3-32 所示。由此可以看出，性别、出生地、学校、年级与课程目标均呈显著相关；性别、出生地、学校、文理工、年级与课程结构均呈显著相关；年级与课程内容呈显著相关；性别、民族、学校、文理工、年级与实践教学均呈显著相关；性别与课程实施呈显著相关；性别、学校、年级与课程评价均呈显著相关。

表 3-32 不同影响因素与应用技术型高校课程建设的相关情况（学生）

类别	项目	课程目标	课程结构	课程内容	实践教学	课程实施	课程评价
性别	r	0.065**	–0.056**	0.012	0.072***	0.103***	0.061**
	p	0.001	0.004	0.538	0.000	0.000	0.002
	n	2667	2668	2657	2666	2668	2665
民族	r	–0.013	–0.009	–0.009	0.049*	–0.011	–0.009
	p	0.491	0.629	0.647	0.011	0.571	0.634
	n	2667	2668	2657	2666	2668	2665
出生地	r	–0.042*	–0.049*	–0.020	0.013	0.008	0.026
	p	0.028	0.012	0.294	0.510	0.681	0.183
	n	2667	2668	2657	2666	2668	2665
学校	r	0.062**	–0.081***	0.017	–0.061**	0.011	–0.144***
	p	0.001	0.000	0.387	0.002	0.563	0.000
	n	2667	2668	2657	2666	2668	2665

续表

类别	项目	课程目标	课程结构	课程内容	实践教学	课程实施	课程评价
文理工	*r*	–0.021	0.051**	0.032	–0.041*	0.020	–0.005
	p	0.288	0.009	0.102	0.035	0.301	0.805
	n	2667	2668	2657	2666	2668	2665
年级	*r*	–0.056**	0.050**	–0.111***	–0.091***	–0.023	–0.052**
	p	0.004	0.009	0.000	0.000	0.241	0.008
	n	2762	2762	2762	2762	2762	2762

注：p 为双侧显著性。*$p<0.05$；**$p<0.01$；***$p<0.001$。下同

根据上面不同影响因素与应用技术型高校课程建设的相关分析，我们可以找出与应用技术型高校的课程目标、课程结构、课程内容、实践教学、课程实施和课程评价呈显著相关的影响因素。

（二）教师方面影响因素与应用技术型高校课程建设的相关分析

教师方面，不同影响因素与应用技术型高校课程建设的相关情况如表 3-33 所示。从表 3-33 中可以看出，国际交流（教师有没有出国经历）与课程结构呈显著相关，学位、学校与课程内容均呈显著相关，职称与课程评价呈显著相关。由以上分析可以看出，影响课程建设的教师因素较少，所以没有必要再进行回归分析。

表 3-33　不同影响因素与应用技术型高校课程建设的相关情况（教师）

类别	项目	课程目标	课程结构	课程内容	实践教学	课程实施	课程评价
性别	*r*	0.057	0.065	0.007	0.011	0.090	–0.023
	p	0.308	0.239	0.898	0.846	0.106	0.684
	n	558	558	558	558	558	558
职称	*r*	0.106	–0.045	–0.031	–0.047	–0.077	0.120*
	p	0.056	0.416	0.574	0.394	0.167	0.030
	n	558	558	558	558	558	558
学位	*r*	0.021	–0.073	–0.172**	–0.070	–0.063	0.000
	p	0.706	0.186	0.002	0.207	0.253	0.998
	n	558	558	558	558	558	558

续表

类别	项目	课程目标	课程结构	课程内容	实践教学	课程实施	课程评价
国际交流	*r*	0.010	–0.115*	–0.030	0.014	0.095	0.016
	p	0.853	0.037	0.592	0.808	0.085	0.768
	n	558	558	558	558	558	558
学校	*r*	0.099	–0.031	–0.142*	–0.100	0.005	–0.020
	p	0.075	0.578	0.010	0.070	0.923	0.717
	n	558	558	558	558	558	558
专业	*r*	0.062	0.034	0.063	–0.098	–0.067	0.012
	p	0.269	0.547	0.259	0.080	0.232	0.832
	n	558	558	558	558	558	558
课程类型	*r*	–0.007	0.105	–0.084	–0.020	0.107	0.051
	p	0.900	0.058	0.131	0.715	0.053	0.356
	n	558	558	558	558	558	558

三、应用技术型高校课程建设要素之间的相关分析

（一）学生对课程建设要素相互影响的认识

基于学生视角分析应用技术型高校课程建设要素之间的相关情况，结果如表 3-34 所示。课程目标与课程内容、实践教学、课程实施、课程评价均呈显著相关；课程结构与课程内容、课程评价均呈显著相关；课程内容与实践教学、课程实施均呈显著相关；实践教学和课程实施呈显著相关；课程实施与课程评价呈显著相关。这些课程建设要素之间虽然呈显著相关，但是相关程度不高。

表 3-34 应用技术型高校课程建设要素的相关情况（学生）

类别	项目	课程结构	课程内容	实践教学	课程实施	课程评价
课程目标	*r*	0.008	0.120***	0.082***	0.161***	0.072***
	p	0.691	0.000	0.000	0.000	0.000
	n	2762	2762	2762	2762	2762

续表

类别	项目	课程结构	课程内容	实践教学	课程实施	课程评价
课程结构	*r*		0.072***	0.028	0.033	–0.045*
	p		0.000	0.150	0.084	0.021
	n		2762	2762	2762	2762
课程内容	*r*			0.320***	0.083***	–0.023
	p			0.000	0.000	0.227
	n			2762	2762	2762
实践教学	*r*				0.068***	0.024
	p				0.000	0.207
	n				2762	2762
课程实施	*r*					0.130***
	p					0.000
	n					2762

（二）教师对课程建设要素相互影响的认识

基于教师视角分析应用技术型高校课程建设要素之间的相关情况，如表 3-35 所示。从表 3-35 中可以看出，课程目标与课程内容、课程实施、课程评价均呈显著相关；课程结构与课程内容呈显著相关；课程内容与实践教学、课程实施均呈显著相关；实践教学与课程实施呈显著相关。

表 3-35　应用技术型高校课程建设要素的相关情况（教师）

类别	项目	课程结构	课程内容	实践教学	课程实施	课程评价
课程目标	*r*	0.005	0.132*	0.009	0.192**	0.304***
	p	0.933	0.017	0.867	0.001	0.000
	n	558	558	558	558	558
课程结构	*r*		0.161**	–0.048	0.097	0.023
	p		0.004	0.389	0.081	0.676
	n		558	558	558	558

续表

类别	项目	课程结构	课程内容	实践教学	课程实施	课程评价
课程内容	*r*			0.412***	0.361***	0.094
	p			0.000	0.000	0.092
	n			558	558	558
实践教学	*r*				0.242***	0.025
	p				0.000	0.651
	n				558	558
课程实施	*r*					0.087
	p					0.117
	n					558

根据教师和学生对课程建设认识的相关分析发现，课程目标、课程结构、课程内容、课程实施和课程评价之间均呈显著相关，但是它们之间的相关程度不高。目前，学校没有整体考虑课程建设，课程各要素之间的关联程度不够。课程建设是一项系统工程，涉及课程要素的方方面面，因此，只有优化课程的整体结构，才能发挥课程的最大功效。

第四节　应用技术型高校课程建设的成就与存在的问题

在国家“自上而下”的鼓励引导和学校“自下而上”的实践探索下，部分地方本科院校积极向应用技术型高校转型，并在办学定位、人才培养、课程建设等方面取得了一定成效。课程建设是高校教学工作的重要基础建设之一，涉及学校工作的各个方面，直接影响着学校的人才培养质量。本书通过问卷、文本分析以及访谈等研究方法，对其课程目标、课程结构、课程内容、课程实施、课程评价进行了研究，发现应用技术型高校在课程建设上既取得了一定进展，又存在着一些问题。本节在剖析应用技术型高校课程建设问题的基础上，分别论述了应用技术型高校课程建设的思路与原则、内容、路径以及保障，以期推进应用技术型高校的课程建设。

一、应用技术型高校课程建设取得的成就

通过数据分析、文本分析以及访谈调查发现，应用技术型高校在学习、借鉴国内外应用型本科人才培养的基础上，开始积极探索适合自身特点的应用型本科人才培养以及课程体系,并取得了显著的成就。

（一）办学定位日趋明确

应用技术型高校的转型主体主要是新建本科院校。新建本科院校办学之初，在办学定位、人才培养和课程建设等方面都模仿重点大学和老牌本科院校，培养的学生既没有老牌本科院校学生的学术功底，也没有高职院校学生的实践能力，成为“四不像”。然而，在市场经济和就业压力的驱动下，部分地方本科院校积极探索发展道路，逐渐向应用技术型高校转型。

通过对 12 所应用技术型高校的文本分析，以及对 6 所案例应用技术型高校的问卷调查和访谈可知，近年来，应用技术型高校在办学过程中根据学校的办学条件、区域情况和生源特点，立足地方经济社会发展，体现出“地方性”“教学性”“应用性”等特点。各校的办学定位表述中均有“高水平应用技术大学”“一流应用型本科大学”“鲜明特色的应用型大学”等，表明其将办学定位为高水平的应用型本科或应用型大学，同时，应用技术型高校的人才培养目标强调培养高素质的应用型本科人才。

（二）人才培养利益相关者参与

应用技术型高校人才培养从封闭到开放，利益相关者逐渐参与到人才培养过程中，如请企业专业人员授课、听取用人单位对人才培养的建议等。在人才培养方案的制订过程中，高校应邀请校内专家、教师和学生、企业行业相关人员参与，共同商讨人才培养方案的制订。人才培养方案是应用技术型高校人才培养的具体化，体现了学校的办学理念和办学思想，是人才培养的指导性文件。人才培养方案是否合理直接关系到人才培养质量。然而，一直以来，人才培养方案主要是由高校个别学科带头人或部分管理者制订的。但是应用技术型高校的定位是立足地方、服务地方，如果不听取用人单位、产业行业人员的建议，那么根据由此制订出来的人才培养方案所培养出来的人才就不能很好地满足个人发展和社会发展的需求。

从文本分析和访谈中发现，部分高校强调开放式办学，把开放式办学理念贯穿到教学过程中。应用技术型高校在人才培养方案的制订或修订过程中应不断改进，尽量考虑各利益相关者的诉求，考虑各方的建议，以便制订出科学的人才培养方案。课程开发也应让教师、学生、行业企业相关人员参与其中，让其参与设计应用型本科人才的课程体系等，从而把应用型本科人才培养目标落到实处。

（三）尝试构建应用型课程体系

应用技术型高校围绕应用型本科人才培养目标，突破了传统“公共基础课、专业基础课和专业课”的“三层楼”的课程结构，形成了“通识教育课程（公共基础课程）、学科基础课程、专业基础课程（专业核心课程）、选修课程、实践课程”的课程结构。从实证数据分析的结论来看，不同学校在培养目标、课程结构、课程内容、课程评价等方面存在显著差异。应用技术型高校在课程建设过程中不断探索，试图构建出适合学校自身的课程体系。合肥学院对课程结构进行了积极的探索，提出“基础+模块”的课程结构。文科专业对原有课程进行模块化重组，突破了传统的“三层楼”的课程结构，工科专业坚持强化“数学+计算机+工程实践”三大基础，而其余专业的课程结构则反映了社会职业岗位对人才规格的要求。

（四）课程建设关注特色

各高校制定培养目标体系，根据学校的办学定位、区域经济发展等制定学校的人才培养目标，然后制定专业培养目标、课程目标、教学目标，它们之间具有关联性、层次性，且逐步具体化。学校最终的培养目标规格与要求要落实到人才培养上，同时，部分高校的课程与专业培养目标之间具有关联性。

各高校还重视通识教育课程建设。通识教育课程不仅涉及人文社会科学系列，自然科学与技术系列，艺术、体育与健康系列，经济管理系列等各个方面的知识，还突出特色建设，例如，厦门理工学院强调管理学和经济学方面的选修课程，湖南文理学院强调艺术、创新等方面的选修课程。这说明除专业性外，学校开始重视学生的综合性和适应性等方面的培养，力求拓展学生的知识基础。各应用技术型高校还开设了一些特色课程，例如，玉林师范学院开设了“客家文化研究”课程，钦州学院开设了“广西北部湾作家群创作研究”课程等。

二、应用技术型高校课程建设存在的主要问题

应用技术型高校课程建设虽然已经被纳入所在院校的重要议事日程，并开始吸取多方力量参与课程建设，但还没有从根本上摆脱传统本科办学模式的影响，还没有充分表现出应用性、地方性的特点。

（一）办学相对封闭

虽然应用技术型高校在人才培养过程中会邀请校内专家、教师和学生等利益相关者参与，但是，当前应用技术型高校人才培养在校企协作育人方面缺乏深度合作，办学存在相对封闭的问题。从整体来看，应用技术型高校仍以封闭办学为主，与地方缺乏互动，不能更好地服务和融入地方经济社会发展，行业有关人员很少参与其中。调查显示，42.3%的教师认为人才培养方案的制订仅仅是学科专家参与。可见，人才培养方案的制订还仅仅囿于高校自身，缺乏调研环节，很少听取用人单位、企业等的意见和建议，这往往会导致专业课程设置过于学术化、缺乏应用性。封闭性办学模式会导致高校在教学内容上重学术轻应用，在师资来源上重学历轻实践经验，在实践教学上越来越形式化①，其所培养出来的毕业生无法满足地方经济和社会发展的需要。实践证明，地方高校不能再沿袭过去相对封闭的发展模式，而应该跳出来，站在社会的角度重新审视自身的人才培养、科学研究与社会服务。②

（二）培养目标较为模糊

1. 人才培养目标与定位模糊

虽然大多数应用技术型高校不再贪大、求高，而是将自身定位于应用型本科院校，旨在培养应用型本科人才，但是从 12 所应用技术型高校的人才培养目标规格来看，它们的人才培养目标还存在趋同的现象。例如，它们都提到培养学生的“学习能力、实践能力、就业能力和创新能力”，即“四种能力”。从 12 所应用技术型高校的人才培养方案中可以看出，其均表述了学校的培养目标，但多数学校并没有对学校培养目标的规格和要求进行更具体的表述。再从 12 所应用技术型

---

① 王洪才. 中国该如何发展应用技术大学[J]. 高校教育管理，2014（6）：16-20.

② 顾永安. 校地互动：地方高校科学发展的新思路[J]. 高等教育研究，2011（2）：50-55.

高校的专业培养目标来看，诸如培养学生的“人文素质、身心素质、职业素质”等描述过于宽泛、笼统，对学校教育教学缺乏针对性的指导意义。

2. 课程目标没有得到重视

课程目标是实现教育目的和培养目标的途径，影响着课程结构的设置、课程内容的选择、课程实施以及课程评价等环节，主要包括课程体系目标和单一课程目标。课程体系目标包括通识教育体系课程目标、学科基础体系课程目标、专业核心体系课程目标、专业选修体系课程目标等。我们从文本分析和各校网站来看，多数应用技术型高校没有制定相应的课程体系目标。各高校对课程体系目标的建设还不够重视，存在课程目标缺失的现象。课程目标是教师教学活动的指南，学校或教师没有制定课程目标，教师的教和学生的学就没有针对性和目的性，进而就会影响教学效果。

（三）课程内容偏理论和陈旧

目前，应用技术型高校课程内容存在的最大问题就是陈旧、偏难。科学技术在迅速发展，但反映科学技术的新观点、新技术都没有被及时纳入高校课程中。调查结果显示，63.5%的学生和 51.7%的教师认为课程内容的前沿性一般，课程内容不能及时更新。另外，应用技术型高校课程内容的理论性太强，更多关注学科知识的内在逻辑和系统性，不能很好地满足学生发展和社会发展的需要。

（四）课程结构中实践课程不足

从 12 所应用技术型高校本科人才方案的文本分析中可以看出，实践课程学分占总学分的比例为 23.2%—45.8%，大部分案例高校的实践课程设置均达到教育部的要求。应用技术型高校的人才培养定位为应用型本科人才，注重培养学生的实践能力、解决实际问题的能力，对实践课程的比例要求比研究型高校要高。实践课程是培养应用型人才的重要环节，是提高学生实践能力的重要途径。按照本书研究制定的应用型本科人才的实践课程学分占总学分的 40%—50%这一标准，明显可见，案例高校存在实践课程严重不足的问题。实践课程不足的主要原因是条件保障跟不上，如办学经费严重不足、实验设备缺乏、实践或实验教师匮乏等。同时，应用技术型高校由于强调要提升学术层次，盲目照搬学科性教学体系，其实践性教学功能反被弱化，实践性教学环节的组织缺乏连续性、系统性和衔接性，缺乏专门的实践性教学规划、管理和评价机制。①

（五）课程实施仍以讲授法为主

在高校教学过程中，教师还是以讲授法为主。调查结果显示，74.9%的学生和 56.4%的教师认为教师使用了讲授法。有些课程需要讲授法，但是单一教学方法难以完成以培养学生能力为主的课程目标。著名教育家陶行知先生曾说："我自回国以后，看见国内学校里先生只管教，学生只管受教的情形，就认定有改革的必要，这种情形以大学为最坏。"②然而，许多年过去了，教师只管教、学生只管学的情形虽然有所好转，但依旧存在。应用技术型高校应注重培养学生的沟通协调能力、团队合作能力、运用知识分析问题的能力和实践能力等，这些能力的获得需要讲授法、讨论法、案例教学、项目教学、现场教学等多种方法，以充分调动学生主动参与到课堂教学活动中，让学生在"做中学"，在锻炼中获得和提高各项能力。

（六）课程评价没有突出能力

课程的考核手段单一，注重结果评价和量化评价。目前，课程的

① 潘懋元. 应用型人才培养的理论与实践[M]. 厦门：厦门大学出版社，2011：147.

② 转引自杨志坚. 中国本科教育培养目标研究[M]. 北京：高等教育出版社，2005：199.

考核主要还是以单一的闭卷期末考试模式为主。调查结果显示，75.5%的学生和 75.8%的教师认为课程评价主要采取闭卷考试。由此可见，课程考核的手段较单一。这种单一评价方式更多考核学生的知识掌握情况，偏离应用型人才培养侧重能力培养的初衷。由于长期受到“学术中心”和“传授知识”取向课程观的影响，人们通常认为传授知识是大学教学的首要任务，知识是课程中不可或缺的要素，学生掌握了“双基”（基本知识和基本技能），也就等于实现了教育目的。

（七）课程建设缺乏整体优化

课程建设是一项系统工程，涉及课程要素的方方面面。各高校在课程建设中往往会顾此失彼，过于注重其中一个要素而忽视另一个要素，没有考虑到课程建设之间的关联性。本书研究发现，课程目标、课程结构、课程内容、课程实施和课程评价之间呈显著相关，但是它们之间的相关程度不高，表明各课程之间缺乏有机整合。学校在一定程度上对课程建设缺乏整体考量，调查发现，学校对课程目标建设的重视程度不够，而课程目标是课程建设的出发点和归宿。因此，只有优化课程整体结构，才能发挥课程的最大功效。

通过以上研究发现，应用技术型高校已开始进行积极探索，办学定位日趋合理化，人才培养方案的制订主体更加多元，课程建设方面开始关注特色，但是应用技术型高校的课程建设仍未达到理想成效。应用技术型高校在课程建设方面存在诸多不足，如课程目标没有引起学校的重视、课程内容理论性强、课程内容陈旧、课程结构欠合理、实践教学时间较短且效果不好、课程评价没有突出能力等。

第四章　应用技术型高校课程案例研究

随着工业化的不断发展，20 世纪 60 年代末 70 年代初，经济发达国家和地区都高度重视发展应用型本科教育，世界上许多国家新建大学、区域性大学和专门大学等均以培养应用型人才为主，旨在为地方经济社会发展服务。例如，日本的技术科学大学、英国的多科性技术学院、德国的应用科技大学、澳大利亚的理工大学、中国台湾地区的科技大学等，它们的办学定位、培养目标与应用技术型高校有异曲同工之处，即均为应用型本科，都培养应用型人才，其课程建设的基本经验可以为我们所借鉴。

笔者选取德国汉诺威应用科学大学，以及中国台湾地区的修正科技大学作为样本，对其课程建设进行个案研究。德国的应用科技大学和中国台湾地区的科技大学并不是重新建立起来的一个分支，而是从技术学校升格而来的。它们已形成了一套从办学理念、培养目标到教学内容、课程设置等方面都相对成熟且完善的应用型人才培养体系，可以为我国境内应用技术型高校人才培养提供一些启示。不可否认，不同的国家和地区有不同的文化背景，不同的学校之间也存在差异，我们不能照搬其他国家和地区的做法，但是在结合我国的国情、地区经济发展情况和各校实际情况的基础上借鉴它们的成功经验，以为我国应用技术型高校课程建设提供参考，这是十分必要的。

第一节　德国应用科技大学课程建设

20 世纪 60 年代，德国经济和社会进入大发展时期，迫切需要大量的实用型高级技术人才和管理人才。然而，传统大学并不能满足这种需要，德国应用科技大学由此产生。德国应用科技大学在工程、经济、社会事业、造型和信息技术等领域提供应用型高等教育，主要培养应用型专门人才。

一、德国应用科技大学概况

德国应用科技大学是德国高等教育体系中重要的组成部分，占高校总数的 43.2%，几乎占据了德国高等教育的半壁江山。德国约有 2/3 的工程师、1/2 的企业经济学家和计算机信息技术人员毕业于德国应用科技大学，并且这类学校的毕业生就业率始终高于其他受教育人群。[①]1976 年，德国政府颁布《高等教育总纲法》，正式明确了应用科技大学的法律地位。应用科技大学在德国被定位为与研究型大学具有同等价值，但它是不同类型的高等学校。德国应用科技大学立足于区域经济发展，旨在培养高素质的应用型人才与应用技术研发人才。应用科技大学对学生的入学条件有一定限制，要求学生在入学前需具备一定的实践经验。应用科技大学的学生来源主要可划分为两大类：其一，专业高级中学或高级专业学校；其二，完全中学或专业完全中学。[②]专业高级中学或高级专业学校的学生一般在此之前已经接受过

① 张婕，陈光磊. 德国应用科技大学对我国地方高校转型发展的启示[J]. 国家教育行政学院学报，2015（1）：87-90.

② 王立人，顾建民. 国际视野中的本科应用型人才培养[M]. 杭州：浙江大学出版社，2008：121.

双元制的职业培训；完全中学或专业完全中学的学生毕业后如果没有接受职业培训，必须自己寻找企业参加生产劳动实习，之后才能进入应用科技大学学习。可见，在生源方面，德国应用技术大学有严格的要求，既要求有一定的学历，又要求有一定的实践经历。在申请入学时，学生要具备高中毕业证书，还要提供至少 3 个月的实习证明，并且企业实践经历要与其所申请的专业相一致。①

德国应用科技大学原规定本科教育的学制一般为 4 年(8 个学期)，引入学士、硕士学位制度之后，学制为 6—8 个学期，以 7 个学期为多。根据联合国教科文组织公布的《国际教育标准分类法》，德国应用科技大学应该被归为 5A2 类高校，培养的是理论应用型人才，而德国综合大学和职业学院则分别相当于 5A1、5B2 类高校，分别培养学术研究型人才和实用型职业技术人才。因此，德国应用科技大学与我国应用技术型高校有相似之处，其课程建设的成功经验对于我国应用技术型高校课程改革具有重要借鉴意义。本节选取德国汉诺威应用科学大学，研究其课程建设的成功经验。

二、德国应用科技大学课程建设

德国应用科技大学已经形成比较成熟、完善的应用型人才培养体系，主要体现在办学理念、培养目标、专业和课程设置等方面。笔者主要从应用科技大学的课程建设方面进行阐释。

1. 培养目标

德国应用科技大学的培养目标明确，主要培养能够适应各行各业发展所需要的理论应用型人才。一般要求学生达到以下三个能力目标：

---

① 张婕，陈光磊. 德国应用科技大学对我国地方高校转型发展的启示[J]. 国家教育行政学院学报，2015（1）：87-90.

①能借助科学方法解决来自生产和生活实际中的具体问题；②能完成新的科研与技术开发项目；③在应用理论、科研方法的技术性生产中能引进、优化和监控新方法、新工艺的使用。[①]可见，德国应用科技大学强调学生掌握足够的专业基础与方法，突出技术应用与开发能力的培养。德国经济界和工商管理界把他们称为能够把理论知识转化为实际应用技术的“桥梁式的职业人才”。[②]德国应用科技大学的毕业生从事的工作范围较为广泛，如产品开发、质量检验、核算、设计、生产、营销等。

2. 课程结构

德国应用科技大学的课程结构是围绕应用型本科人才培养目标设置的，具体可分为以下两种结构：第一，课程纵向结构。课程纵向结构包括学科基础课程、专业基础课程、专业课程。为了培养学生的应用能力，德国应用科技大学在课程设置中保证了相当比例的专业课程，学科基础课程、专业基础课程与专业课程之间的学分比例约为 1∶1。[③]第二，课程横向结构。德国应用科技大学通常对每个专业设置 30 门左右的课程，必修课程所占比重最大，约占总学分的 2/3；实践课程所占比重较大，占总学分的 30%—40%。[④]在课程体系上，不同专业方向的学生有着不同的课程选择，学生只有在专业学习阶段才可以根据不同的专业方向选修相应的课程。

为了培养学生的复合型和跨学科能力，德国应用科技大学还开设了一些跨学科课程。例如，在工科类专业中，除了技术专业课外，其

---

① 李建求. 德国 FH：为职业实践而进行科学教育[J]. 比较教育研究，2004(2)：86-90.

② 夏建国. 技术本科教育概论[M]. 上海：东方出版中心，2007：149.

③ 徐理勤. 现状与发展——中德应用型本科人才培养的比较研究[M]. 杭州：浙江大学出版社，2008：65.

④ 张有龙，赵爱荣. 德国应用科技大学办学特色分析[J]. 中国职业技术教育，2007(5)：58-59.

还以必修课及限定选修课的形式设置了一系列跨学科课程，如工科类专业中普遍设置了企业经济学、法学、项目管理、安全技术、人事管理、成本核算、技术类营销等非技术课程。[①]因为这些高校的管理者认为，一个良好的工程师不仅要掌握专业技术知识，还应该懂得经营管理、市场营销等。

3. 课程内容

德国应用科技大学的课程内容强调应用性。德国应用科技大学的课程内容不注重学科知识的系统性和抽象性，而是强调课程内容应宽而浅；不会把过多的时间用于原理的推导和分析，而是强调将科学知识和方法运用于解决实际问题上；并且其教学内容会根据学科知识的发展以及就业的需求发生变化。根据培养目标，每门课程均制定了培养计划和考试大纲，但是没有规定统一的教材，任课教师会列出大量参考文献，针对某些课程自编补充讲义。教师把理论与实际结合在教学内容中，重点讲授工程应用，在讲授中，教学内容的跨度大、实践性强、知识更新快。[②]与此同时，德国应用科技大学的课程内容还会考虑社会需求，会聘请行业、企业第一线的专家来学校参与制订教学计划、编写教材、授课和指导等。

4. 实践教学体系

实践教学是德国应用科技大学人才培养中最具特色的部分，所占比重较大。实践教学对于加深学生对工作岗位的了解、培养学生运用科学知识和方法解决实际问题的能力具有十分重要的价值。德国应用科技大学的实践教学环节形式多样，主要包括实验教学、实践学期、

① 徐理勤. 现状与发展——中德应用型本科人才培养的比较研究[M]. 杭州：浙江大学出版社，2008：67.

② 张庆久. 德国应用科技大学与我国应用型本科的比较研究[J]. 黑龙江高教研究，2004（8）：31-33.

项目教学、毕业设计和学术旅行。[①]此外，其专业课中，理论教学与实验教学结合得很紧密，相当一部分课程中的理论教学与实验教学的比例甚至达到 1∶1。[②]

实验教学是德国应用科技大学的一种重要的教学形式。对于工科类，在专业学习阶段，实验教学占整个教学活动的 25%—30%。[③]德国应用科技大学的教授会亲自参与实验的开发、指导和考核，这样可以保证实验内容与理论教学内容的有机结合。

实践学期也是德国应用科技大学非常重视的教学活动。各大学对实践学期的规定有所区别，有的安排了一个实践学期，有的安排了两个实践学期。德国应用科技大学一般设有实习生办公室，各系也设有实践学期委员会，这样可以确保实践学期的正常运行，帮助学生联系实习单位。与此同时，德国应用科技大学非常注重实践学期的质量，并制定了一系列规定。例如，学生与实习单位要签订实践学期合同，并且实习岗位和实习合同要经过学校的认可。在实习过程中，学校和企业各派一名人员指导实习生，实习结束时，实习生必须递交实习报告并答辩。[④]企业在实践教学中占主导地位，是实践教学经费的主要来源，是评价、考核实践教学成果的主体。德国应用科技大学学生的毕业论文与企业的实际问题结合得非常紧密。据统计，在许多专业，特别是工科类专业中，毕业论文课题来自企业并在企业中完成的占

---

① 徐理勤. 现状与发展——中德应用型本科人才培养的比较研究[M]. 杭州：浙江大学出版社，2008：67.

② 杨斯茗，杨涟生. 技术本科教育发展研究——基于培养目标、培养模式和课程的比较视野[J]. 煤炭高等教育，2012（6）：18-20，56.

③ 王立人，顾建民. 国际视野中的本科应用型人才培养[M]. 杭州：浙江大学出版社，2008：121.

④ 王立人，顾建民. 国际视野中的本科应用型人才培养[M]. 杭州：浙江大学出版社，2008：123.

60%—70%。[①]可见，德国应用科技大学毕业生的论文具有鲜明的应用型特征。

项目教学是基于解决企业实际问题的一种教学形式。项目设计的题目来自企业，并与企业的生产活动紧密结合。德国应用科技大学安排了2个模块用于项目设计，共计8个周学时，分别在第3学期和第7或第8学期实施。[②]项目教学有助于培养学生的交际能力、表达能力和团队合作能力等。在教师的指导下，学生独立完成从市场调研、方案设计、制作到作品展示的整个实战过程，并撰写项目设计论文。

5. 课程实施

德国应用科技大学的课程实施具有鲜明的实践性与应用性，其有多种教学形式，如项目教学、案例教学、角色扮演、现场教学等。[③]在课堂教学上，教师经常会使用在实践中遇到的案例，并且在较小的学生群体中进行教学，这样可以保证师生、生生之间进行充分交流，有利于培养学生的各种能力。在课堂教学中，教师比较注重学生实际应用能力的培养。理论课与习题课的教学时数比例通常为2∶1。[④]

教师是课程实施的主体，德国应用科技大学非常重视教师的实践能力。根据德国《高等教育总纲法》的有关规定，应聘为德国应用科技大学的教授，一般来说必须具备两个基本条件：一是学术性，除了艺术类专业外，其他专业的教授都要获得博士学位；二是实践性，即除了外语和数学专业外，其他专业的教授应在本专业从事至少5年以

① 转引徐理勤. 现状与发展——中德应用型本科人才培养的比较研究[M]. 杭州：浙江大学出版社，2008：65.

② 王群珉，李康康，翁震华. 德国应用科技大学办学特色及其启示[J]. 职业技术教育，2007（35）：81-82.

③ 赵居礼. 德国应用科技大学办学特色及其对我国高职教育的启示[J]. 陕西青年职业学院学报，2010（2）：11-15.

④ 徐理勤. 现状与发展——中德应用型本科人才培养的比较研究[M]. 杭州：浙江大学出版社，2008：75.

上的实际工作（其中 3 年在高等学校外工作）。在任教期间，德国应用科技大学的教授每 4 年还可享受一次为期半年的“研究休假”，到校外的对口单位从事实际工作或实用研究，以了解实际工作中的最新问题和动态。[①]此外，德国应用科技大学还从社会和产业部门中聘任了一批兼职教授或兼职讲师，他们通常是学有专长、实践经验丰富的专家学者和工程技术人员。

6. 课程评价

德国应用科技大学的考核形式多样，并且要求严格。学生必须通过所有课程的考试，每门课程的考试次数最多为三次（含一次补考及一次口头答辩）。许多工科专业的淘汰率很高。对于工科专业学生，基础学习阶段的淘汰率是比较高的，达到 45%—50%。[②]德国应用科技大学课程考核采用过程评价与结果评价相结合的形式。课程成绩一般会分为专业能力成绩与非专业能力成绩两个方面，这就要求学生不仅应具备与专业相关的知识和能力，掌握一定的专业技能，还应具备一定的综合素质。[③]实习期间的评价很重要，评价重点是实践能力，主要依据企业指导人员或企业出具的证明来进行评价。实习生需与企业签订合同并且必须得到学校认可。实践学期结束后，实习单位要出具证明，实习生则必须递交实习报告并答辩。德国应用科技大学对实验教学的管理也非常严格。在开始实验前，学生必须做好充分准备，需要提交预习报告，并且德国应用科技大学对实验报告的要求非常高，从科学原理、操作过程、数据分析到实验总结都要十分详细。

---

① 张有龙，赵爱荣. 德国应用科技大学办学特色分析[J]. 中国职业技术教育，2007（11）：58-59.

② 王立人，顾建民. 国际视野中的本科应用型人才培养[M]. 杭州：浙江大学出版社，2008：140.

③ 胡善风，汪茜，程静静. 地方应用型本科院校的课程考核改革探索与实践——以德国应用技术大学为例[J]. 国家教育行政学院学报，2016（1）：88-91.

三、汉诺威应用科学大学机械制造专业课程建设

汉诺威应用科学大学成立于 1971 年，是下萨克森州首府内第二大高校。汉诺威应用科学大学设 5 个二级学院，共 32 个本科专业，其专业设置具有鲜明的行业特点和跨学科特点，例如，食品包装工程、乳品经济等与当地的行业息息相关；工程信息学、医学教育学等具有跨学科的特点。截止到 2014 年，在校学生人数为 9600 余人，教师员工为 620 余人，其中一半为教学科研人员，该校的办学定位为："立足地方、面向国际的以工科、经济、文科、信息学、造型艺术为主的多学科高等学校……致力于使毕业生具有从事职业工作的专业能力，在足够的科学知识基础上传授必要的专业知识和方法，并培养学生的社会能力。促进教师的应用能力，与企业开展系统的合作。"[①]从这一表述中可以看出，汉诺威应用科学大学的办学定位强调地方性、多学科、国际化、教学型等。

（一）专业培养目标

汉诺威应用科学大学的机械制造专业分为两个方向，即通用机械制造和自动化制造。机械制造专业的培养目标为："通过建立在科学理论基础上的应用型工程教育，为毕业生在职业生涯中获得成功做准备。根据技术的最新发展，该专业学习致力于传授分析问题、借助于适合手段解决问题的基本方法。另外，该专业学习还传授成功的职业生涯所必需的社会、生态和跨学科能力。"[②]从对机械制造专业培养目标的阐述中可以看出，该专业注重培养学生运用科学理论知识和方

① 王立人，顾建民. 国际视野中的本科应用型人才培养[M]. 杭州：浙江大学出版社，2008：121.

② 徐理勤. 现状与发展——中德应用型本科人才培养的比较研究[M]. 杭州：浙江大学出版社，2008：87.

法解决实际问题的能力，注重学生应用能力和综合能力的培养，强调培养理论应用型和复合型的人才。

（二）课程结构

机械制造专业的课程结构及其学分标准如表 4-1 所示。从表 4-1 中可以看出，机械制造专业的总学分是 150 学分，课程纵向结构包括学科基础课程、专业基础课程和专业课程，其中，学科基础课程学分占总学分的 16.7%，共开设 3 门该类课程；专业基础课程（专业核心课程）学分占总学分的 31.3%，共开设 9 门该类课程；专业课程[专业应用课程、专业方向课程、跨专业课程、学士论文、实践训练（企业实习）]学分占总学分的 52.0%，其中跨专业课程学分占总学分的 12%。学科基础课程和专业基础课程共 72 学分，专业课程共 78 学分，学科基础课程、专业基础课程两者学分之和与专业课程学分的比例接近 1∶1。

表 4-1　机械制造专业的课程结构及其学分标准

课程类别	课程名称	学分要求（不少于）	学分比例/%
自然学科基础	数学/物理/计算机	25	16.7
工程专业基础	工程力学/机械力学/振动学/流体力学/工程热力学/电工电子/材料工程/化学/测量和控制技术	47	31.3
工程应用课程	机械学/设计/产品开发/制造/生产技术	28	18.7
专业方向课程	重点可选择，面向应用	8	5.3
跨专业课程	经济类课程/非技术类选修课/语言	18	12.0
学士论文		12	8.0
实践训练（企业实习）		12	8.0
合计		150	100

资料来源：徐理勤. 现状与发展——中德应用型本科人才培养的比较研究[M]. 杭州：浙江大学出版社，2008：69

机械制造专业对原有课程进行了改造，构建了以能力培养为核心的模块化课程体系。例如，在机械工程学习中，将原来分别开设的“计算机绘图”“三维软件基础”“工程图学”整合成“机械产品表达”模块，删除其中重复、抽象、脱离实际的内容，增加构型设计表达方面的综合实践项目。[①]实践教学环节所占比例较高，占总学时的 45%左右，主要包括第一实践学期（第 6 学期）、第二实践学期及毕业论文（第 8 学期）、项目设计及实验。专业课中几乎有 50%的时间都安排了实验、实习或设计制作等。在主体学习阶段，除了实践学期、毕业设计外，项目教学占 8 个周学时，约占总学时的 10%；实验教学根据专业重点不同，占 12—18 个周学时，约占总学时的 15%—22%。[②]

（三）课程实施

德国应用科技大学教学阶段分为基础学习阶段和主体学习阶段，同理，机械制造专业教学阶段也分为基础学习阶段和主体学习阶段，如表 4-2 所示。基础学习阶段为 3 个学期，主体学习阶段为 5 个学期，其中含第二实践学期和毕业设计。1—3 学期为基础学习阶段，按模块教学。理论教学以课程模块为单位组织教学，模块手册详细规定了每个模块包含的课程及其学时、教学内容、考核办法等。第 5—6 学期是深入学习阶段，第 7—8 学期是实习与完成毕业论文阶段，学生边在企业实习边完成毕业论文。其中，基础学习阶段含 11 个模块，每个模块占 8 个周学时，共 92 个学分，主体学习阶段含 20 个模块（不含实践学期及毕业设计），每个模块占 4 个周学时，共计 80 个周学时，共 84 个学分。[③]实践教学有两个学期，分别是第 6 学期和第 8 学期，并

① 余国江，姜海，徐滟. 卓越工程师培养的德国经验借鉴研究[J]. 高教探索，2015（2）：66-69.

② 徐理勤. 现状与发展——中德应用型本科人才培养的比较研究[M]. 杭州：浙江大学出版社，2008：108.

③ 王立人，顾建民. 国际视野中的本科应用型人才培养[M]. 杭州：浙江大学出版社，2008：140.

且贯穿整个大学四年，理论教学与实践教学循环交叉进行。

表 4-2 机械制造专业学期教学安排表

<table>
<tr><th rowspan="2">学习阶段</th><th rowspan="2">学期</th><th colspan="2">专业方向</th></tr>
<tr><th>自动化制造</th><th>通用机械制造</th></tr>
<tr><td rowspan="3">基础学习阶段</td><td>1</td><td colspan="2" rowspan="3">学位预考</td></tr>
<tr><td>2</td></tr>
<tr><td>3</td></tr>
<tr><td rowspan="5">主体学习阶段</td><td>4</td><td colspan="2">理论学期</td></tr>
<tr><td>5</td><td>理论学期</td><td>专门化</td></tr>
<tr><td>6</td><td colspan="2">第一实践学期</td></tr>
<tr><td>7</td><td>专门化</td><td>选修模块</td></tr>
<tr><td>8</td><td colspan="2">第二实践学期/毕业设计</td></tr>
</table>

（四）课程评价

汉诺威应用科学大学的考核形式多样，并且要求严格。由表 4-2 可知，基础学习阶段结束后，有一个学位预考。所谓的学位预考并不是一次单独考试，而是对基础学习阶段的总检查。学生必须完成相应学习和规定的基础课程并通过课程考试后，才能进入专业课程学习阶段。汉诺威应用科学大学有实践内容的课程，要求学生必须通过每个实验（习），否则不能参加课程考试，并且每次实验（习）前还有测验、准备、预习，这些方面准备不充分及测验不通过者不能进行实验（习）。[①]

四、德国应用科技大学课程建设的特点

德国应用科技大学在人才培养方面已经具有成熟、完备的模式，在课程内容、课程结构、实践教学等方面独具特色。

---

① 陈哲. 德国应用科技大学的特色与启示[J]. 职业教育研究，2012（17）：93-95.

（一）引入模块化教学

随着学位、学制改革，德国应用科技大学开展了教学改革，广泛引入了模块化教学。所谓模块化指的是“一个专业内单一的教学活动组合成（不同的）”主题式教学单位（即模块）。[①]大学学习是由一系列课程模块组成的，不再是由一门门课程或教学环节组成。一个模块由内容上相互关联的数门课程及其不同的教学环节组成，每个模块通常占4—8个周学时，包含课堂教学、实践教学、课程设计、实验等。模块化教学促进了理论教学和实践教学的有机结合。在应用型本科人才培养中，理论教学和实践教学存在“两张皮”问题。许多高校，特别是工科类高校对实践教学环节安排的总时数不少，可总是达不到预期的效果，其中一个非常重要的原因在于理论教学与实践教学的衔接问题。理论课的教师关注理论教学，而实践教学的教师则关注实验、实习等问题，两者“各自为政”。德国应用科技大学的模块化教学使理论教学和实践教学有机结合起来。

（二）强调实践教学环节

实践教学环节是德国应用科技大学人才培养中的重要组成部分，对培养应用型人才发挥着重要的作用。德国应用科技大学的实践教学体系呈现出以下特点：一是实践教学环节所占比例较高。德国应用科技大学的实践教学学分占总学分的45%左右，主要包括实验教学、实践学期、项目教学、毕业设计和学术旅行，在专业课中，有相当一部分课程的理论教学与实践教学的比例达到 1∶1。[②]二是实践教学形式多样，并且注重学生能力的培养。项目教学和毕业论文课题来自企业

① 徐理勤. 现状与发展——中德应用型本科人才培养的比较研究[M]. 杭州：浙江大学出版社，2008：87.

② 徐理勤. 现状与发展——中德应用型本科人才培养的比较研究[M]. 杭州：浙江大学出版社，2008：87.

的实践，结合企业的实际问题进行选题。三是企业在实践教学中发挥了重要作用。德国应用科技大学与企业的联系非常密切。四是实践教学贯穿整个教学活动过程中，体现了实践教学的连续性和系统性。五是重视实践教学质量，制定了实习制度。

（三）课程建设具有鲜明的应用性

德国应用科技大学的培养目标明确，主要培养各行各业的高级应用型人才。课程结构围绕应用型人才培养目标，设置了学科基础课程、专业基础课程和专业课程三个部分，既注重理论基础知识的掌握，也考虑到专业应用能力的培养。理论课程采取模块化形式，并且每个模块都制定了详细的教学目标，都指定了模块负责人，负责统一协调模块内的教学内容。在必修课及限定选修课方面，设置了一系列跨学科课程，以培养学生的跨学科、复合型和职业生涯能力。课程内容具有针对性，与职业适应性相统一。专业课规定了教学大纲，没有固定的教材，这样可以根据社会和企业实际工作岗位的需要不断更新。在教材编制过程中，聘请校外行业、企业参与制订教学计划、编写教材等。

在课程实施方面，德国应用科技大学非常注重实践性与应用性。课程实施中，教学方法形式多样，采取项目教学、案例教学、专题讨论、企业现场考察、专题学术讲座和企业现场实习等多种形式。灵活多样的教学活动不仅有利于学生将学到的理论知识应用到实践中，还有利于学生从实践中学习，进而拓展理论知识的应用。德国应用科技大学对学生的考核有多种形式，如考试、鉴定、毕业设计答辩等，注重培养学生的社会能力、方法能力等关键能力。德国应用科技大学注重教师的实践能力。教师的聘任强调学术与实践的统一，同时聘任企业人士做兼职教授，他们既具有丰富的理论知识和实践经验，也具有解决问题的能力。

（四）学校与企业密切合作

紧密有效的校企合作是德国应用科技大学办学成功的重要原因之一。德国应用科技大学与企业密切合作，打破了与经济产业的界限，立足地方，服务地方。德国应用科技大学始终践行“离开了企业的环境难以培养应用型人才”的观念。[①]学生只有在真正的工作环境中，才能更好地培养自身的实践能力。

德国应用科技大学与企业深度合作，企业在人才培养中占有主导地位，并参与到整个课程开发过程中，具体体现在以下方面：①企业提供实习岗位；②企业提供毕业设计岗位，应用科技大学的毕业题目中有 60%—70%来自企业；③企业参与项目教学，项目教学的题目来自企业，企业专业人员共同参与指导；④企业参与教学内容的制定，企业是高校参议会的重要组成成员，德国应用科技大学在开设新专业、制定教学内容时均会听取企业代表的建议。[②]

第二节　中国台湾地区科技大学课程建设案例研究

中国台湾地区的技术与职业教育，即技职教育，主要是指中等及中等以上学校实施的技术与职业教育。“现在台湾科技职业教育学制与体系的发展，已立下世界性的标杆，并为世界各国技职教育界所重视与肯定。”[③]中国台湾地区的技职教育自成体系，与普通教育并行

---

① 夏建国. 技术本科教育概论[M]. 上海：东方出版中心，2007：154.

② 徐理勤. 现状与发展——中德应用型本科人才培养的比较研究[M]. 杭州：浙江大学出版社，2008：72.

③ 张天津. 台湾地区技职教育发展的关键历史阶段[J]. 职业技术教育，2005，26（19）：15-17.

存在，能培养专科、本科、硕士和博士不同层次的人才，与普通院校形成了两轨并行的格局，为我国台湾地区培养了大量技能型人才。本书选择了具有代表性的我国台湾地区的正修科技大学为个案进行研究，以便为我国大陆地区的应用技术型高校课程建设提供借鉴和参考。

一、中国台湾地区科技大学概况

自 20 世纪 90 年代末期以来，随着知识经济、创意经济对职业教育要求的提升，中国台湾地区高等职业教育的重心逐渐由专科学校转移到技术学院、科技大学，本科层次以上的高等技术职业教育发展较快。截至 2012 年，中国台湾地区高等职业技术体系高校共有 94 所，其中，高等专科学校有 17 所，技术学院有 24 所，科技大学有 53 所。[①]可见，中国台湾地区高等职业技术体系的办学主体是科技大学和技术学院，旨在培养大量的高级应用型人才，服务于地区经济发展。

中国台湾地区的高等职业技术体系主要包括高等专科学校、技术学院和科技大学。高等专科学校主要包括二年制、五年制两种学制，分别招收中职学生和初中毕业生；技术学院包括两种学制，一种是兼办本科部和专科部，另一种是以大学本科部为主，以研究所为辅，不设大学专科。科技大学以本科部和研究所为主体，也有兼办专科部的。中国台湾地区培养应用型本科人才的高校主要是科技大学和技术学院。经过长期的办学实践，中国台湾地区科技大学拥有了从办学理念、培养目标到课程建设等方面相对成熟且完善的应用型人才培养模式。

① 尹宁伟. 应用型本科人才培养模式研究[D]. 厦门大学博士学位论文，2013：139.

二、中国台湾地区科技大学课程建设

中国台湾地区科技大学形成了较为成熟的应用型课程体系，有明确、具体、关联的培养目标，强调学生“能力本位”的课程结构，凸显应用性的课程内容，拥有多样化的课程实施与课程评价制度等。

（一）培养目标

培养目标是人才培养类型与规格的重要体现。中国台湾地区的教育培养目标包括类群培养目标、学校层面的培养目标、学院层面的培养目标、专业层面的培养目标、课程体系目标、课程目标和教学目标等。这些培养目标具有层次性和系统性，不同层次培养目标具有很大的关联性，并且培养目标明确，对学校教育教学活动具有重要的指导作用。

1. 技术与职业院校的培养目标

技术与职业院校以培育高级技术人才为目标，以传授、研究、发展应用科学及实用技术，培育具有职业道德与文化素养的各级专门技术人才以及服务社会为宗旨。技术与职业院校的人才培养定位为培养高级技术人才，并且指出要培养具备职业道德和文化素养、服务社会、促进地区经济社会发展的人才。

2. 类群培养目标

类群是中国台湾地区为改善现行各级技能教育课程与专业设置问题，以适应未来产业人力需求，将各级技能学校专业设置与课程发展整合的依据。中国台湾地区的职业学校课程分类群别情况如表 4-3 所示，即将技职教育所有科系归为 7 大类 17 个群（外加 1 个一般科目群）。

表 4-3　中国台湾地区的职业学校课程分类群别情况

类别	群别
工业类	机械群、动力机械群、电机与电子群、土木与建筑群、化工群
商业类	商业与管理群、外语群、设计群
农业类	农业群、食品群
家事类	家政群、餐旅群
医事护理	医事与药理群、护理与保育群
海事水产类	海事群、水产群
艺术类	艺术群
—	一般科目群

中国台湾地区的教育主管部门颁发的《职业学校群科课程纲要暨设备基准》规定，职业学校的培养目标是，职业学校以教导专业知能、涵养职业道德、培育实用技术人才，并奠定其生涯发展之基础为目的，须辅导学生达到下列目标：①充实专业知能，培育行职业工作之基本能力；②陶冶职业道德，培养敬业乐趣、负责进取及勤劳服务等工作态度；③提升人文及科技素养，丰富生活内涵，并增进创造思考及适应社会变迁之能力；④培养继续进修之兴趣与能力，以奠定其生涯发展之基础。[①]由此可见，“群”的培养目标主要强调以下几点：一是注重核心能力，奠定其生涯发展的基础；二是注重专业知能，强调培养实用技术人才；三是注重人文与科技，强调培养健全的人；四是注重工作态度，强调培养职业道德。这里选择“电机与电子群”为例，以进一步阐释“群”的培养目标。“群”的核心能力包括一般核心能力和专业核心能力，电机与电子群的培养目标和核心能力要求如表 4-4 所示。

① 职业学校群科课程纲要暨设备基准——电机与电子群[EB/OL]. [2019-09-10]. https://www.doc88.com/p-6923724015357.html.

表 4-4 中国台湾地区的职业学校“电机与电子群”培养目标和能力要求

类型	培养目标	一般核心能力	专业核心能力
电机与电子群	①培养学生具有电机与电子群共同核心能力，并为相关专业领域之学习或高层级专业知识之进修奠定基础； ②培养健全电机与电子相关产业之实用技术人才，能担任电机与电子领域有关操作、维修、测试及应用等工作	①生活适应及未来学习之基础能力：具备解决问题调适情绪之能力；启迪尊重生命之意义；奠定生涯发展之基本能力；养成终身学习之态度； ②人文素养及职业道德：陶冶人文基本素养；养成尊重差异之态度；培养同伴学习之能力；涵养敬业乐群之精神； ③公民资质及社会服务之基本能力：深植积极进取之观念；培养自我表达及人际关系处理之技巧；陶冶民主法治之素养；养成服务社会之态度；增进国际了解之能力	①具备电学观念与电路装配、分析、设计及应用能力； ②具备应用计算器解决问题之能力； ③具备使用基本工具、电机与电子仪器及相关设备之能力； ④具备保养、维修电机与电子仪器及相关设备之能力； ⑤具备查阅专业手册、认识接线图或电路图之能力； ⑥能了解相关专业法令规章； ⑦具备维护工作安全及环境卫生之能力； ⑧能了解产业发展概况

资料来源：职业学校群科课程纲要暨设备基准——电机与电子群[EB/OL]. [2019-09-10]. https://www.doc88.com/p-6923724015357.html

学校在此培养目标的指导下，以社会需求为导向，根据自身实际情况制定出明确而具体的学校培养目标，再逐级分解，制定出更为明确、具体的学院、系、课程体系和单门课程目标。

（二）课程结构

研究者指出，中国台湾地区科技大学的课程结构主要包括通识教育课程（共同必修课程）、学科基础课程（专业基础课程或院核心课程）、专业课程（专业必修课程和专业核心课程）以及选修课程。通识教育课程学分占总学分的比例约为 20%，学科基础课程学分占总学分的比例约为 10%，专业课程学分占总学分的比例约为 40%，选修课程学分占总学分的比例约为 30%，即通识教育课程、学科基础课程、专业课程、选修课程之间的比例约为 2：1：4：3。[①]中国台湾地区科技大学十分重视专业课程，旨在培养学生的专业知识和实务能力。

① 尹宁伟. 应用型本科人才培养模式研究[D]. 厦门大学博士学位论文，2013：139.

（三）课程内容

中国台湾地区科技大学的课程内容紧密贴近企业的需要。课程设置以学生为本位、以企业为本位。①中国台湾地区科技大学在制订教学计划时，由学校教师、实务人员（即企业）、毕业生共同制订，从就业市场出发分析人才需求的知识、能力结构，改革课程教学内容，并且适当将职业需要、职业证照融入课程，不断更新课程内容。与此同时，课程内容实现了理论与实践的一体化。从中国台湾地区科技大学的教学大纲来看，部分理论课程中增加了实践内容，做到了理论与实践的有机结合，这样能够使学生将所学理论知识应用于实践。

（四）实践教学体系

1. 课程中增加实践内容

中国台湾地区科技大学注重在课程中增加实践教学，使理论教学和实践教学结合起来。从共同必修课程到专业必修课程、选修课程，均独立设置了相应的实验实习课程，并规定了修习学分。为了培养学生的综合素质和职业能力，中国台湾地区科技大学开设了“实务专题制作”课程，这是中国台湾地区本科层次以上的高等技术职业院校课程的一大特色。“务实专题”的目的是满足科技与产业发展的用人需求，通过制作实际专题来巩固学生所学知识及培养其解决实际问题的能力②，以考察学生的团队协作能力、协调工作能力、专业知识水平、综合能力和职业素质。“务实专题”的授课分两学期实施，一般安排在第 6 学期和第 7 学期，有的学校也安排在第 5 学期或第 6 学期，每学期占 3 个周学时，共 1 个学分。“务实专题”的题目主要来源于实

---

① 叶凯. 台湾地区科技大学办学的启示[J]. 漳州职业技术学院学报，2009(1)：111-112.

② 杨斯茗，杨涟生. 技术本科教育发展研究——基于培养目标、培养模式和课程的比较视野[J]. 煤炭高等教育，2012（6）：18-20，56.

践，学生分组进行，一般 2—4 个学生为一组。学生须完成毕业专题制作及成果，可以参加校内外的各种竞赛。

2. 校外实习和竞赛

中国台湾地区教育主管部门颁发了有关补助技专院校开设校外实习课程作业要点的通知，鼓励这些学校开设校外实习课程，并对技专院校的校外实习给予一定的经费支持。大学部各系学生需要参加专业实习课程、学期或学年课程且需要到业界实习。每学期的实习课程至少为 9 学分，实习时间为 4.5 个月以上；每学年的实习课程至少为 18 学分，实习时间为 9 个月以上。参加专业竞赛或展览，一方面可以检验学生运用基本理论知识解决实际问题的能力，另一方面可以激发学生学习的兴趣和潜能，培养学生的实践能力和团队合作能力等。

（五）课程实施

中国台湾地区科技大学采用了多样化的教学方法，主要有讲授法、项目教学法、讨论法、启发式教学法等。通过采用各种教学方法，调动学生参与课程教学的积极性和主动性，有利于培养学生的能力。中国台湾地区科技大学注重提高教师水平，具体做法如下：遴选企业界有实务经验的师资，聘任一些专业技术人员；鼓励教师提升其文凭；鼓励教师到企业实习，积累实务经验，如在学校工作三年后，再到企业工作一年等。①

（六）课程评价

1. 评价主体多元化

中国台湾地区科技大学允许利益相关主体参与评价，如教师、学生、企业等，这样有利于学校听取不同的声音，考虑各方的利益需求。

---

① 熊颖. 台湾高等技职教育暨对大陆发展技术本科的借鉴[J]. 职业技术教育，2008（19）：35-37.

一是教师和学生参与评价，主要是教师和学生填写问卷，包括教师自填问卷、学生修课评量问卷，作为教学改善及教学评鉴机制；二是行业企业人员参与评价，学生在实习期间的成绩由企业主管与学校指导教师共同参与并评定

2. 评价方式多样化

一是结果评价与过程评价相结合，中国台湾地区科技大学的课程考核采取期中考试、期末考试的结果评价，以及期中报告、课程测验、期末报告的过程评价，做到了结果评价与过程评价的有机结合。二是量化评价与质性评价相结合，中国台湾地区科技大学的课程考核既采取量化评价，如测试等，也采取质性评价，如报告、课程参与程度等，做到了量化评价和质性评价的有机结合。

三、中国台湾地区正修科技大学咨询系课程建设

正修科技大学是一所私立应用型高等院校，坐落在台湾省高雄市。正修科技大学的前身为 1965 年成立的正修工业专科学校，1999 年升为正修科技学院，2003 年升格为正修科技大学，包括四年制及二年制大学部、二年制专科部及二年制专科进修学校。

截止到 2019 年，正修科技大学设有工学院、管理学院、人文社会学院 3 个学院，含化学与材料工程系、土木与工程资讯系、电子工程系、机械工程系、电机工程系、工业工程与管理系、建筑与室内设计系、资讯工程系、国际企业系、企业管理系、资讯管理系、财务金融系、幼儿保育系、应用外语系、运动健康与休闲系等 19 个系科，以及化学与材料工程研究所、营建工程研究所、电子工程研究所、机电工程研究所（设有博士班）、电机工程研究所、工业工程与管理研究所、经营管理研究所、资讯管理研究所、运动健康与休闲研究所、财

务金融研究所、资讯工程研究所 11 个研究所，共有 30 个独立系所。[①]正修科技大学获得“典范科技大学”的称号，并因办学成绩优异，连续四年获评为优等。

（一）培养目标

1. 学校培养目标

学校的培养目标是在教育主管部门的类群培养目标的指导下，依据职场需求、学生需求和学校办学特色等制定的。学校的培养目标如下：本校本着德、智、体、群、美、技六育平衡发展的教育方针，强调适性发展及生活、人际历练、重视通识全人教育，以培养学生理性思辨表达能力、知性关照创建能力、感性关怀奉献能力，以期使学生不仅能成为具备专业知识的科技人，更能成为具备宏观视野的文化人，以适应多元化、民主化和国际化的社会，即培养具人文与科技宏观视野之优质学生。[②]由此可见，正修科技大学的培养目标十分重视培养实用人才和重视通识全人教育，注重培养学生的理性思辨表达能力、知性观照创建能力、感性关怀奉献能力，培养多元化、民主化和国际化的人文与科技兼备的具有宏观视野的优质学生。

2. 学院培养目标

根据培养人文与科技兼备的具有宏观视野的优质学生的学校培养目标，工学院提出了院级培养目标。工学院的培养目标是：追求工程实务新知与知识能力；工程科技整合运用；提升人文内涵及创思力，扩大视野，注重产官学合作。[③]从正修科技大学工学院的培养目标可

① 正修科技大学[EB/OL]. [2018-10-31]. https://www.csu.edu.tw/wSite/ct?xItem=221254&ctNode=17323&mp=10001&idPath=17291_17292_17323.

② 正修科技大学[EB/OL]. [2018-10-31]. https://www.csu.edu.tw/wSite/ct?xItem=221254&ctNode=17323&mp=10001&idPath=17291_17292_17323.

③ 正修科技大学工学院[EB/OL]. [2018-11-29]. https://coe.csu.edu.tw/wSite/ct?xItem=163260&ctNode=16094&mp=A01007&idPath=10426_16091.

知，其注重实务能力培养，注重产官学合作，注重培养学生的人文素养和创新能力。

3. 系培养目标

中国台湾地区科技大学的专业称为“系所别”，其中“系别”为本科，而“所别”为研究生。这里选取正修科技大学工学院资讯工程系为样本进行研究。正修科技大学工学院资讯工程系培养目标和核心能力如表 4-5 所示，由此可知，资讯工程系具有以下特点：一是培养理论与实务并重的优质专业人才；二是培养创新思考能力和解决问题的能力；三是培养学生具备职业伦理与服务社会的精神。

表 4-5 资讯工程系培养目标和核心能力

系	培养目标	学生核心能力
资讯工程系	①奠定专业知能：教育学生专业学识，具备分析、设计、实践及创新四方面能力；养成其信息工程专业之知能、专题制作与产业研发之能力；具备宽广之知识与跨领域整合的能力； ②培养团队精神：具备表达、书面报告撰写及有效沟通技巧之能力；培养团队合作之精神，并理解工程伦理及社会责任之能力；迎接不同生涯发展之挑战； ③拓展宏观视野	①具有应用数学、基础科学及信息工程知识之能力； ②具有设计与执行实验，以及分析与解释数据的推导演绎能力； ③具有执行工程实务所需之技术、技能及现代工程工具运用之能力； ④具有设计与整合系统或程序，以符合所需规范之能力； ⑤具有表达、示范工程图表与书面报告之技巧与能力； ⑥具有有效沟通与团队合作之能力； ⑦具有发掘、分析及解决工程问题之能力； ⑧具有计划评估及执行工程分析之能力； ⑨具有跨领域、创新、创造及精益求精之能力； ⑩认识时事议题，了解工程技术对环境、社会及全球之影响，并具有能持续成长与学习之能力； ⑪理解工程伦理及社会责任之能力

资料来源：正修科技大学资讯工程系[EB/OL]. [2019-10-27]. https://csie.csu.edu.tw/wSite/mp?mp=464103

4. 通识教育课程目标

（1）通识教育课程目标

通识教育培养目标一般包括培养目标和学生的核心能力。正修科技大学的通识教育课程目标为：为了落实本校办学理念，以全人教育为目标，以了解、涵养并陶冶人与自己之关系、人与社会之关系、人与自然之关系，以达科技与人文对话、本土与国际兼容、理论与实物并重、纵向与横向兼顾、学习与生活与共、专业与通识整合之目标。通识教育课程应培育具有职业道德、文化素养、终身学习能力、科技与人文并重的人才。可见，通识教育具有以下特点：一是秉持校训、办学理念、学校培养目标等制定通识教育课程培养目标；二是注重培养人文与科技兼备的人才；三是注重培养学生的知识整合能力、创意思考和解决问题的能力；四是注重全人教育。

（2）分类通识教育课程目标和单门通识教育课程目标

中国台湾地区科技大学一般在通识教育课程体系的总目标下，又制定了发挥自身功能的分类通识教育课程目标，在分类通识教育课程目标下又制定了单门通识教育课程目标，在此以“国文”单门通识教育课程为例加以说明。“国文”课程的目标为：建立学生正确的人生观及自我教育的方法；促进学生思考、组织、创造与想象之能力；提高学生阅读、写作及欣赏、沟通与表达的能力；培养学生人文素养、道德情操，达到全人教育的目标。

（二）课程结构

1. 课程纵向结构

中国台湾地区科技大学的课程纵向结构主要包括通识教育课程、学科基础课程（专业基础课程或院核心课程）、专业课程（专业核心课程和专业必修课程）和选修课程。专业课程学分所占比例最高，旨在培养学生的实务能力；其次是通识教育课程，注重培养健全的人；选修课程也占较高比例，以便满足学生的兴趣和爱好；此外还开设了10%的学科基础课程以及7%的跨系选修课程。正修科技大学的资讯工程系课程纵向结构表如表4-6所示。

表 4-6 资讯工程系课程纵向结构表

课程类型	门数/门	学分	比例/%
通识教育课程	22	40	29.9
学科基础课程	4	12	9.0
专业课程	20	46	34.3
选修课程	15	36	26.9
小计	61	134	100.1

资料来源：正修科技大学资讯工程系[EB/OL]. [2019-10-27]. https://csie.csu.edu.tw/wSite/mp?mp=464103

由表 4-6 可知，正修科技大学资讯工程系的纵向课程结构，即通识教育课程、学科基础课程、专业课程、选修课程之间的比例约为 6∶2∶7∶5。

2. 课程横向结构

资讯工程系课程结构表如表 4-7 所示，下面将主要从课程类型的两个方面进行分析。一是必修课程与选修课程：正修科技大学资讯工程系专业课程共 134 学分，其中必修课程共 86 学分，占总学分的比例为 64.2%；选修课程共 48 学分，占总学分的比例为 35.8%，其中跨专业选修课程学分占总学分的比例为 7.5%。二是通识教育课程与专业课程：通识教育课程（通识必修课程和通识博雅选修课程）共 40 学分，占总学分的比例为 29.9%；专业课程（专业必修课程、专业选修课程和跨专业选修课程）共 94 学分，占总学分的比例为 70.1%。由此可以看出，资讯工程系高度重视专业课程，以培养学生的实务能力。

表 4-7 资讯工程系课程结构表

课程类型		总学分	比例/%
必修课程	专业必修课程	58	64.2
	通识必修课程	28	
选修课程	专业选修课程	26	35.8
	通识博雅选修课程	12	

续表

课程类型		总学分	比例/%
选修课程	跨专业选修课程	10	
合计		134	100.0

资料来源：正修科技大学资讯工程系[EB/OL]. [2019-10-27]. https://csie.csu.edu.tw/wSite/mp?mp=464103

正修科技大学的通识教育课程包括校内通识教育课程（表 4-8）、校园整体环境的通识教育与校外的通识教育。

表 4-8　校内通识教育课程结构表

类别	科目	学分
通识基础课程（32 学分）	国文（一、二）	4
	实用中文	2
	英文（一、二）	6
	英语听说练习（一、二）	4
	英语会话（一、二）	2
	当代台湾与现代世界	2
	人权与法治教育（工学院、管理学院）	2
	环境与人类生存	2
	计算机概论	2
	服务学习（一、二）	2
	体育（一、二、三、四）	4
通识博雅课程（12 学分）	人文学	12
	社会科学	
	自然科学	
	生命科学	
总计		44

资料来源：正修科技大学资讯工程系[EB/OL]. [2019-10-27]. https://csie.csu.edu.tw/wSite/mp?mp=464103

1）校内通识教育课程。校内通识教育课程包括通识基础课程和通识博雅课程两类。通识基础课程共 32 学分，通识博雅课程共 12 学分。通识博雅课程每学期选课最多不超过 4 学分，已经选修课程不得重修。

2）校园整体环境的通识教育。校园整体环境的通识教育极为重要，主要是通过非正式课程的方式和潜在课程的方式来实施，包含生活教育、校园文化、艺文活动、读书风气、校园规则等。

3）校外的通识教育。校外的通识教育包括爱心与服务、校际联盟、校外服务。其中爱心与服务是正修科技大学通识教育课程的特色，也是该校的另类通识教育课程，其目的在于培养学生服务奉献、关爱人群的精神，学生从义务服务的工作中学习关爱他人、乐于助人的美德，进而体会热爱生命、尊重生命的高尚情操，以力行实践的方式落实全人教育的目的。关于校外的通识教育，正修科技大学规定：凡本校大学部学生均可修习爱心与服务，只要依规定至公益机关与团体服务 60 小时并撰写心得一篇，即可获得通识教育课程 2 学分。①

中国台湾地区科技大学的通识教育课程主要包括正式通识教育课程、非正式通识教育课程。正式通识教育课程主要包括基础课程与分类课程，其中基础课程注重学生人文素质的养成和培养学生的职业伦理，如中文、英文、史学、生命教育、职场伦理等。非正式通识教育课程主要包括服务学习、专题讲座、文艺活动、社团活动、通识人文沙龙、体育活动、创新竞赛、创业竞赛等多种形式的课程，中国台湾地区科技大学非常重视这些课程，通过这些活动培养学生服务、奉献等精神。

（三）课程内容

从正修科技大学的教学大纲来看，部分理论课程中增加了实践内容，做到了理论与实践的有机结合，这样能够使学生将所学理论知识

① 正修科技大学资讯工程系[EB/OL]. [2019-10-27]. https://csie.csu.edu.tw/wSite/mp?mp=464103.

应用于实践。正修科技大学比较重视实务教学，使理论内容与实务结合起来。为落实技职培养目标，要求制作专题，从实务中学习，除参加对外比赛外，各系科每年都有专题制作竞赛，并颁发奖状及奖金，还会举办毕业成果展，奖励优秀同学。正修科技大学积极鼓励、辅导、奖励学生参与技能认证，通过参与职业认证，不断更新教学内容。

（四）实践教学体系

正修科技大学资讯工程系实践课程表如表 4-9 所示。从正修科技大学资讯工程系实践课程中可以看出，实践课程包括实务专题、校外实习、实务研讨、主题研讨、校外实务实习、服务学习以及课程设计、实验等多种形式。中国台湾地区科技大学的实践教学实习学分低且学时多，主要是因为校外实习、校外实务实习学时多且学分少，例如，校外实习 6 个月，只得 9 学分，而在中国大陆地区以及德国应用科技大学，实习 6 个月可得 12 学分。实践课程在第 1、2、5、6、7、8 学期都有，几乎贯穿大学整个过程，做到了既有理论教学又有实践教学。

表 4-9　资讯工程系实践课程表

学期		实务专题	校外实习	实务研讨	主题研讨	校外实务实习	服务学习
大一	上学期						1/2
	下学期						1/2
大二	上学期						
	下学期						
大三	上学期		3/4				
	下学期	3/3					
大四	上学期	3/3	3/4			9/6 个月	
	下学期			2/3	2/2	9/6 个月	

注：斜杠前的数据表示每学期的学分数，斜杠后的数据表示每学期每周的学时数（校外实务实习一列中，斜杠后的数据表示每学期的实习时间）

资料来源：正修科技大学资讯工程系[EB/OL]. [2019-10-27]. https://csie.csu.edu.tw/wSite/mp?mp=464103

（五）课程实施

正修科技大学在教学过程中采用多种方法，如讨论法、项目教学法、启发式教学等，并将理论教学与实践教学有机结合起来，通过采用各种教学方法，调动学生参与课程教学的积极性和主动性，有利于培养学生的能力。例如，“欧洲艺术与文学”采用了课堂讲授、分组练习等方法；“中国欣赏与应用”采用了课程讲授、报告等方法；“存货管理模式”采用了课程讲授、实务研讨、网络辅助教学等方法。

资讯工程系教师的专业实务经验人次统计表如表 4-10 所示。正修科技大学资讯工程系拥有良好的师资，教师的学历高并且重视实践经历。截止到 2019 年，该系共有教师 32 人，其中专任教师有 15 人，兼任教师有 17 人。[①]从表 4-10 中可以看出，该系重视教师的实务经验，多名教师曾任职于产业界、担任科技公司顾问，并且取得了与专业相关的执照。

表 4-10　资讯工程系教师的专业实务经验人次统计表　单位：人

曾任职于产业界	担任科技公司顾问	拥有国内外相关证照	担任杂志社及研讨会委员	执行产学合作
7	4	33	19	51

资料来源：正修科技大学资讯工程系[EB/OL]. [2019-10-27]. https://csie.csu.edu.tw/wSite/mp?mp=464103

四、中国台湾地区科技大学课程建设的特点

（一）明确而多层次的培养目标

在中国台湾地区科技大学的课程建设中，培养目标的系统性强，层次分明，各培养目标之间相互关联。中国台湾地区科技大学在一定

① 正修科技大学资讯工程系[EB/OL]. [2019-10-27]. https://csie.csu.edu.tw/wSite/mp?mp=464103.

教育理论和教育理念的指导下，从类群培养目标、学校层面的培养目标、学院层面的培养目标、专业层面的培养目标到课程体系目标和单门课程目标，层层递进，环环相扣，逐步分解和具体化，最终形成了一个有机统一的目标体系。

中国台湾地区科技大学的各级教育目标不仅层次分明，而且各级教育目标之间存在一定的关联性。一是系教育目标与学院教育目标、学校教育目标之间存在关联性。系教育目标是在学校教育目标、学院教育目标的引领下制定的，学校教育目标逐步细化和具体，最终形成系教育目标。三个层次的教育目标之间相互关联，使系教育目标、学院教育目标不偏离学校教育目标,这样才能更好地实现学校教育目标。二是课程目标与系教育目标之间存在关联性。在课程研究领域，有这样一个理论，即一门课程可以达到多个目标，多门课程可以达到一个目标。[①]

（二）强调能力培养的课程结构

1. 纵向课程结构重视专业课程

中国台湾地区科技大学的课程结构主要为通识教育课程、学科基础课程（专业基础课程或院核心课程）、专业课程（专业核心课程和专业必修课程）和选修课程，从以上数据分析中可知，其中最受重视的是专业课程（平均占总学分的 34.3%），旨在培养学生的专业知识和实务能力；其次是通识教育课程（平均占总学分的 29.9%）和选修课程（平均占总学分的 26.9%），旨在培养学生的人文素养和专业特长；最后是学科基础课程（平均占总学分的 9.0%），旨在培养学生的基础知识和技能。

---

① 王伟廉. 关于高等职业院校人才培养定位与培养模式问题的思考[J]. 广州职业教育论坛，2012（4）：1-3.

2. 横向扩展的类型结构

中国台湾地区科技大学的课程类型丰富，实践课程、跨学科课程、活动课程等是其课程结构的重要组成部分。不同类型的课程与专业课程相互补充，在培养学生的过程中发挥了重要作用。

（1）丰富的、有效的通识教育课程

中国台湾地区科技大学重视通识教育，通识学院或通识教育中心负责全校通识教育课程的规则制定与教学。通识教育课程包括核心通识教育课程（基础课程）、分类通识教育课程，还开设了许多人文课程，如中文鉴赏、哲学、史学、生命教育、台湾历史与文化等课程，重在培养学生的人文素质。与此同时，还注重通过伦理课程培养学生的职业道德、爱岗敬业精神、社会责任心等。例如，正修科技大学开设了“品德与专业伦理”等课程。

（2）多样化的实践课程

为了培养产业界需要的人才，中国台湾地区科技大学注重实务培养。中国台湾地区科技大学一贯注重理论与实务并重，实践性教学的学时较多。中国台湾地区科技大学的实践课程有以下几种形式：一是部分课程独立设置相应的实验实习课程，并规定修习学分；二是在部分理论课程中增加实践内容，做到理论与实践的有机结合；三是集中实践课程，包括实务专题、实务研讨、主题研讨、校外实务实习、课程设计、实验、参与专业竞赛或展览等多种形式。

（3）重视隐性课程的功能

隐性课程在很大程度上决定着学习者的价值感和尊严感，并具有兴趣上的激发功能、认知上的导向功能、情感上的陶冶功能、意志上的磨炼功能与行为上的规范功能。[①]中国台湾地区科技大学把正式课

① 董泽芳，王晓辉. 普林斯顿大学本科人才培养模式的特点及启示[J]. 高教探索，2014（2）：77-81.

程和非正式课程作为培养高级应用型人才的两个有机联系的部分。除了开设正式课程以外，中国台湾地区科技大学还广泛设置了各类非正式课程，有助于培养学生的团队合作能力、交流沟通能力、解决实际问题能力等。

中国台湾地区科技大学还开设了跨学科课程，允许学生跨系选课，以培养学生开阔的视野和创新能力。学生参与跨学科学习，不仅可以拓宽其视野，而且有助于培养其多元的、综合的思维方式。正修科技大学规定学生在大学学习期间需要跨系选课 6—9 学分。

（三）凸显应用性的课程内容

中国台湾地区科技大学的课程内容与社会发展需求和学生需求紧密联系起来。中国台湾地区科技大学的利益相关者，如学校、教师、企业、毕业生等一起参与教学计划的制订，充分考虑到了社会发展和学生的需求。同时，中国台湾地区科技大学遵循国际分工标准，将国际证照要求融入课程，这样可以使课程内容与社会发展联系起来，并且使学生获得多张证照，能够提高学生的核心竞争力；此外，其还开设了模块课程，这样不仅可以更新课程内容，而且可以满足社会的需求，使学生获取相关专业知识，提高自身能力与素质。例如，中国台湾地区科技大学在大三下学期、大四上学期两个学期实施“务实专题”，专题的题目来自实践，通过小组合作共同运用理论知识解决实际问题。

（四）专业训练与通识教育并重

中国台湾地区科技大学实施全人教育，强调专业训练与通识教育并重、理论与实务并重，不仅要培育学生成为专业知识的科技人，还要训练学生具备独立思考能力、宏观的视野、良好的品德情操、高雅的人文艺术气质，以及懂得关怀社会，因此，正修科技大学重视人文通识教育课程，成立了通识教育中心、文艺中心。在知识经济与科技时代，正修科技大学遵循“先做人，再做专业人”的人才培养理念，以发展学校特色，兼顾培养学生的人文素养，使其不致成为以专业为主的“机械人”“电脑人”“工程人”。在课程设置中，正修科技大学注重通识教育课程的设置和实施，通过举办各种活动提高学生的人文素质。

（五）多样化的课程实施与课程考核

中国台湾地区科技大学采用了多样化的教学方法，有讲授法、讨论法、启发式教学法、现场教学法以及项目教学法等。在具体的课程实施过程中，中国台湾地区科技大学强调在一节课中运用多种教学方法。中国台湾地区科技大学能够成功使用各种教学方法，与教师的能力素质息息相关。由于培养目标不同，应用科技大学对教师的素质要求也不同。中国台湾地区科技大学强调师资队伍的应用能力，遴选具有一定企业经历的教师，并鼓励教师到企业实习。

课程考核是课程建设中一个重要的环节，不仅能检测课程目标的实现程度和教学效果，而且是对师生进行激励的重要手段。中国台湾地区科技大学的课程考核根据课程目标和课程性质采取多样化的方式，评价主体多元，学校、教师、学生和企业共同参与。

（六）健全的课程制度

健全的课程制度是中国台湾地区科技大学的课程质量和人才培养目标得以落实的重要保障。为了实现应用型人才培养目标，中国台湾地区科技大学各院系制订了严格的课程计划。一是透明的课程信息制度。在中国台湾地区科技大学的课程建设中，每年开学前，通过课程地图和课程大纲等形式，各校、院、系都会将有关课程的信息公布出来，以便学生对所修读课程进行整体、全面的了解，并使学生做好充分的课前准备，确保课程教学质量。尤其是内容全面、信息丰富的课程地图，往往包括了教育目标、学生核心能力、课程规划、未来发展或职业生涯规划等核心要素。[①]二是建立企业参与的课程建设机制。应用型人才培养需要社会参与，因为社会或企业最能判断学校培养的人才是否为满足社会经济发展需要的人才。中国台湾地区科技大学让企业参与课程建设，让其参与人才培养方案制订、教学过程、实习指导和对学生学业的评价等方面，做到了产教联合、校企合一。三是跨学科课程修读制度。中国台湾地区科技大学的学生可以跨系、跨学院修读课程，选修课程的范围较广。

第三节　典型案例课程建设的经验与启示

一、重视培养目标体系

德国应用科技大学的培养目标突出应用性以及重视学生能力培养。中国台湾地区科技大学具有系统性、层次性较强的课程目标，如教育主管部门制定的学校教育目标与类群教育目标、学校层面的教育目标、学院层面的教育目标、专业层面的教育目标、课程体系目标和课程目标、教学目标等。中国台湾地区科技大学注重各培养目标之间的关联性，不仅不同课程、单门课程以及每节课的教学目标与系教育目标、专业教育目标之间有关联性，课程目标与系教育目标、专业教育目标之间也有关联性，只有这些教育目标被具体落实到课程目标和教学目标上，才能实现学校教育目标。

二、强调实践教学建设

实践教学是应用型人才培养中最具有特色的一个环节，是理论联

---

① 季诚钧，张亚莉. 高校课程地图的理念、要素与特征：基于台湾经验[J]. 中国高教研究，2015（12）：78-81.

系实践的桥梁，对于培养学生的问题解决能力和综合能力有着不可替代的作用。实践教学对于应用型人才的培养有着重要作用，其重要性在应用型人才培养过程中不断得到强化，部分学校试图构建适合自身发展特点的实践教学体系。实证调查和文本分析发现，应用技术型高校的实践教学还是比较薄弱，在课程结构中实践教学所占比例偏低。应用技术型高校实践教学学分占总学分的比例为 20%—30%。虽然多数应用技术型高校的实践教学所占比例已经达到教育部规定的要求，但该要求只是对普通高校的一般要求，要实现应用技术型高校培养应用型人才的培养目标，需要增加实践教学学分。与德国应用科技大学的实践教学学分所占比例为 40%—50%、中国的合肥学院的实践教学学分所占比例在 40%以上相比，总体来看，我国应用技术型高校的实践教学所占比例普遍偏低。因此，借鉴案例学校的经验，本书提出，应用技术型高校要加强实践教学建设，增加实践教学学分，使其占总学分的 40%—50%。

实践教学时间只是应用型人才培养的前提，关键还要看实践教学的效果如何。在这一方面，德国应用科技大学可以说是一个成功的典范。为了确保实践教学的有效运行，德国应用科技大学设置了实习办公室，各系设置了实习委员会。德国应用科技大学非常重视实践教学的质量，实习生与企业要签订合同，并且实习岗位和实习合同须经学校认可，实习结束后，实习单位要出示证明，实习生要交实习报告并答辩。德国应用科技大学与企业的联系非常紧密，学校和企业共同承担起培养人才的任务。在德国应用科技大学的实践教学中，企业在实践教学环节占主导地位，参与对学生的指导、评价等；中国台湾地区科技大学通过专业认证和实务专题的形式增强实践教学的效果。

三、采取多元化课程评价方式

课程评价是考察教学效果，以及检验学生是否获得知识、能力素养的重要途径。德国应用科技大学、中国台湾地区科技大学都非常重视课程考核。德国应用科技大学的课程评价要求非常严格，并且考核形式多样，如口试、笔试、实习答辩、毕业答辩等。在基础学习阶段，所学课程必须全部通过后，学生方可进行下个阶段的学习，且课程淘汰率非常高，如工科课程淘汰率为40%—45%；注重过程评价，在理论教学中，练习课所占比例较高，并且学生在实验教学前须做好充分准备，否则不能参加实验。中国台湾地区科技大学的课程考核根据课程目标和课程性质采取多样化的方式，课程考核评价主体涉及各利益相关者，如教师、学生、行业企业等均参与评价，且评价方式多样，如期中考试、期末考试、期中和期末报告、课程测验、教师和学生问卷等。应用技术型高校要培养应用型人才,应改变过去单一注重考察学生知识掌握情况的闭卷考核模式，尽量做到评价主体多元化、评价方式多样化。

四、突出学生的核心能力培养

科学技术日新月异的变化，相应地会引起工作岗位的变化，以职业对口去培养学生的职业技能已经不能适应社会变化的需要。德国应用科技大学采用多种教学方式培养学生的能力，如项目形式的课程设计、专题讨论、毕业论文设计，或者由企业给出题目，学生通过在实践中解决实际问题来培养其能力。中国台湾地区科技大学通过“实务专题”、“实务研讨”、校外实务实习、课程设计、实验、参与专业竞赛或展览等多种形式，培养学生的团队合作能力、沟通交流能力、表达能力等。

五、加强师资队伍的应用能力建设

应用技术型高校的定位为培养应用型人才，因此应注重师资队伍的应用能力。德国应用科技大学聘任教授的要求是既要具有博士学位，同时要具有 5 年以上的实际工作经验，并且还会聘请具有经验丰富的企业人士做兼职教师。中国台湾地区科技大学，不论是公立学校还是私立学校，都需要教师采取具体措施来促进其能力、学历等方面的提升，需要教师具备丰富的在企业务实的经验。学校可通过有关政策鼓励教师在职研修高一级学历，要求教师在企业的工作时间与教学时间成一定比例，并作为聘任和晋升的必备条件。中国台湾地区科技大学注重教师实践能力的提升，教师在学校工作三年，需要到企业工作一年。[①]

① 熊颖. 台湾高等技职教育暨对大陆发展技术本科的借鉴[J]. 职业技术教育，2008（19）：35-37.

第五章　应用技术型高校课程建设的策略

转型后的应用技术型高校的人才培养目标，既不能高攀研究型大学的培养目标，也不能向高职院校的培养目标看齐，要根据学校自身实际情况制定合理的培养目标。应用技术型高校应培养适应经济社会发展需要，具有扎实的专业基础和较强的实际工作能力的高素质应用型人才，相应的课程建设也应围绕这一目标定位进行设计和实施等。

第一节　应用技术型高校课程建设的思路与原则

应用技术型高校办学应体现地方性、应用性和教学性的基本特点，旨在培养应用型本科人才，因此，课程建设思路要与地方经济发展相适应，以符合应用型本科的办学定位，满足学生个人发展的需要；同时，课程建设要遵循应用性原则、能力为主原则、通识性原则、开放性原则。

一、应用技术型高校课程建设的思路

（一）与地方经济发展需要相适应

随着高等教育和社会的关系日益密切，大学日益成为现代社会发

展的动力站。[①]高校要考虑满足地方经济社会发展的需要，应用技术型高校更是如此。应用技术型高校大多位于地级市，并且其经费主要来源于地方政府，理应立足地方、服务地方。因此，应用技术型高校要为地方经济发展服务，培养生产、建设、管理和服务一线的高素质应用型人才。

课程建设的一个重要环节是课程内容的选择，应用技术型高校要考虑到地方经济和文化的发展，在课程内容的选择上要体现出地方特色，形成自己的竞争优势。例如，伴随中国-东盟自由贸易区建设进程的加快，以及“一带一路”建设的不断推进，社会对经贸、会展、涉外旅游、小语种等外向型人才有大量需求，尤其是同时具备外语能力和专业能力等一些复合型人才更受欢迎。因此，应用技术型高校课程建设应结合其所在地区的经济与社会发展需要，使其所培养的应用型人才的知识、能力和素质能够满足社会发展需求。

（二）符合应用型本科的办学定位

课程建设是学校办学定位和办学理念的集中表现，是实现人才培养目标的核心部分。应用技术型高校课程建设要与应用型本科的办学定位、应用型人才的培养目标相适切。培养应用型人才，就需要在课程目标上突出能力的培养、在课程结构中强调实践教学、在课程内容上突出应用性、在课程实施过程中协同使用多种教学方法、在课程考核上强化能力评价和采用多元评价。显然，目前应用技术型高校课程建设还不符合应用型本科的办学定位，例如，课程目标依然注重学生知识的掌握，课程结构片面强调理论教学，忽视实践教学等，而培养应用型人才，实践教学尤为重要，这些都会制约学生能力的培养。因

① [美]德里克・博克. 走出象牙塔——现代大学的社会责任[M]. 徐小洲，陈军译. 杭州：浙江教育出版社，2001：2.

此，应用技术型高校课程建设始终要考虑到应用型本科的办学定位，同时还要考虑到学校自身的优势，在课程建设中要结合区域经济和高校自身的特点，体现自身的办学特色。

（三）满足学生个人发展的需要

课程建设的最终目的是向社会输送满意的毕业生，提高人才培养质量。因此，课程建设应该考虑到学生的当前利益和长远发展。高等教育大众化时期的生源呈现出多样化的特点，学生的需求和兴趣是多样的，并且学生的接受能力不同。课程建设要考虑到学生身心发展的规律，特别要考虑到学生的思维发展、兴趣、需要和经验。课程建设要做到以人为本，就要遵循学生发展的个性化要求，注重学生的个性发展和综合能力的提高，与此同时，还要把地方经济、文化、科技和道德方面的先进知识融入课程，使其与社会生活相关联，又要着眼于未来，有效地影响社会发展，让学生学会做人、学会生活、学会劳动、学会学习、学会适应环境、学会关心他人、学会关心社会。[①]在学生与课程的关系上，学生发展是中心，学科知识是次要的，学科知识要服务于学生发展。因此，我们要以学生的需求来决定知识的供给，以学生的需求和发展作为课程设置和开展教学的依据，要开出受学生欢迎的有效课程，传授给学生最受用的东西。[②]

总之，应用技术型高校课程建设要考量社会发展对人才需要的变化、国家发展对高等教育的需要与趋势、学校的人才培养目标和办学特色、学生的当前利益与长远发展。这一建设思路相对比较全面，因为考虑到了国家的要求、社会发展需要、学校发展定位和现实状况以及学生的发展，可以说是照顾到了国家、社会、学校、学生等方方面

---

① 李孟辉．高校课程研究[M]．上海：上海交通大学出版社，2012：9.

② 贺武华，李晓峰．试论新建本科院校课程建设的一般思路[J]．高等农业教育，2007（11）：55-57，70.

面的利益。实际上，这也符合“平衡利益相关人关切”的原则或“利益均衡”原则。

二、应用技术型高校课程建设遵循的基本原则

课程建设总要以一定的教育观念与理论为指导。应用技术型高校在课程建设过程中，需要更新传统学科型的课程理念，建立适应应用技术型的课程，以便实现人才培养的特色。

（一）突出应用性的原则

应用型人才的一个重要特点是运用科学知识和方法解决实际问题，因此，应用技术型高校课程建设应突出应用性。例如，德国应用科技大学的课程结构中突出专业课程，学科基础课程、专业基础课程之和与专业课程比例为 1∶1。我国的课程结构应突破原来“公共基础课、专业基础课和专业课”的“三层楼”的课程模式，因为该模式强调知识的系统性和理论性，忽视了教育与产业之间的联系。目前我国高校课程的纵向结构主要是“通识教育课程、学科基础课程、专业课程、选修课程”的模式，作为培养应用型人才的高校，我国应用技术型高校首先应重视专业课程建设。然而，目前我国应用技术型高校课程建设还是主要遵循学科知识的逻辑，注重知识的理论性、系统性和学术性。但是，由于学科知识有其自身的内在体系，直接按照学科体系组合的理论可能会与社会生产和生活实际存在一定的差距，缺乏应用性和职业性，由此培养出的学生可能会在社会适应性方面存在一定的问题，需要用人单位“再培训”之后才能上岗。[①]从世界高等教育

---

① 钱国英，徐立清，应雄. 高等教育转型与应用型本科人才培养[M]. 杭州：浙江大学出版社，2007：89.

的课程设置来看，课程体系中一般都有一些实用的、有利于就业的课程。即使是一贯重视以知识为中心的学术能力培养的英国，自 20 世纪 80 年代以来，其课程观也发生了重大转向，即从强调学术性能力向强调实践性能力转变。因此，应用技术型高校在课程建设上要以社会需求为导向，体现应用性的原则。

（二）以能力培养为主的原则

应用型人才培养应以能力为主，学生的能力培养应贯穿在应用技术型高校课程建设的全过程中。但是长期以来，由于受到传授知识取向的课程观的影响，人们认为学生只要掌握了知识就是实现了课程目标。随着时代的发展，一些国家已经把教育改革的着眼点放在了培养学生能力上，逐步从知识本位转变为能力本位。21 世纪的人才需求与评价已经转变为以能力为首位，企业用人观也从传统的“有后劲”的“储备型”向“上手快”和综合素质好的“适应型”转变，专业实践能力在很多行业被认为是第一位的。[①]应用技术型高校应用型本科教育是以市场需求和企业需要为导向的专业教育，是一种以能力为本的教育。[②]其课程建设应以学生能力培养为主，并构建与之相适应的课程，其中尤其强调实践教学对应用型人才的作用，应增加实践教学比重，提高实践教学环节的教学质量。

（三）强调通识性的原则

应用技术型高校的人才培养以就业为目的，因此，加强专业教育，提高学生的专业能力是必要的。但是，提高学生的专业应用能力，并

---

① 钱国英，徐立清，应雄．高等教育转型与应用型本科人才培养[M]．杭州：浙江大学出版社，2007：91.

② 朱永江．新建地方院校应用型本科课程体系建构取向[J]．现代教育科学，2010（1）：72-73，76.

不意味着把高等教育降低为职业培训。虽然应用型人才以培养学生能力为主，但是不能因过于注重应用能力的培养而轻视了学生综合素质的养成。在这方面，我国台湾地区科技大学的经验值得我们借鉴，其除了重视专业知识和技术培训以外，还重视通识教育、重视学生人文素质的养成。

21 世纪的从业人员既要有一定的专业应用能力，也要具备良好的身心素质。企业需要毕业生具有良好的个人品质，能与他人友好相处，富有团队协作精神以及踏实肯干的精神。其中，道德素质要求已是企业在录用毕业生时优先考虑的一点，几乎所有企业都认为毕业生具有责任心是最重要的。[①]因此，应用技术型高校在加强专业教育的同时，要把素质教育理念渗透到专业教育中，使学生不仅会做事，更会做人。

（四）开放性的原则

开放是大学的本质特征，各高校间有着共同的需求，但不同学校在模式、重点、方向上还有自己的特点。[②]知识生产模式Ⅱ强调异质性和跨学科，大学从封闭办学转向强调开放性，注重协同育人。应用技术型高校要加强同区域的合作，扩大向社会开放的程度，其人才培养场所不仅是学校，还有企业等。因此，应用技术型高校课程建设不仅需要学校专家学者的参与，还需要与知名企业建立紧密合作关系，让企业参与到课程设计、资料编写、课堂教学、课程考核等人才培养的全过程，从而大大提高人才培养与行业、企业需求的契合度。

---

① 陈厥祥. 聆听社会的需求——浙江万里学院人才培养适应性调研报告[M]. 杭州：浙江大学出版社，2007：106.

② 马陆亭. 开放是大学昌盛的基础[J]. 中国高等教育，2016（5）：8-10.

第二节　应用技术型高校课程建设的理念

教育教学理念是学校办学的核心要素，是管理者对自己的办学条件和特点、办学定位和人才培养内涵等的准确认识。如果管理者具有成熟的教育理念，会使教育理念始终如一地贯彻在教育教学活动的各个环节，减少办学过程中的随意性和主观性。为此，应用技术型高校的管理者应根据学校的自身情况、区域经济社会发展情况、人才培养目标等形成合适的课程建设理念，用以指导课程建设，有利于应用型本科人才的培养。

一、树立“以学生为中心”的理念

应用技术型高校应树立“以学生为中心”、强调学生“能力本位”的教学思想。“以学生为中心”强调以学生发展为中心、以学生学习为中心、以学生学习效果为中心。[①]2018 年，《教育部关于加快建设高水平本科教育全面提高人才培养能力的意见》强调，教育教学要坚持以促进学生全面发展为中心。随着现代人本主义、建构主义学习理论的不断发展，教师是组织者、指导者和点拨者，学生是学习主体的教育教学理念逐步得到人们的认可和接受。教师在教学过程中要以学生为中心，从“教学范式”向“学习范式”转变，激发学生学习的动力、兴趣，调动学生学习的积极性和主体性，增加学生的参与度和投入度，培养学生各方面能力。应用技术型高校应落实以学生为中心的教学理念，既注重“教得好”，更注重“学得好”，强调学生从“做

---

① 赵炬明. 论新三中心：概念与历史——美国 SC 本科教学改革研究之一[J]. 高等工程教育研究，2016（3）：35-56.

中学”，发挥学生学习的主体作用，做到“教、学、做合一”。只有这样，才能更好地培养学生的实践能力和综合素质，才能更好地实现应用技术型高校的人才培养目标。

二、以产出为导向的课程建设理念

产出导向教育（outcome-based education，OBE）是一种基于学习导向的教育价值取向，认为教学设计和教学实施的目标是学生通过学习过程所取得的学习成果（产出），强调以学生而不是教师作为教学活动的中心和主体,其教育理念与应用型人才培养的内在要求相一致。应用技术型高校以 OBE 作为课程建设的基本理念,将社会需求和学生的全面发展作为人才培养的逻辑，在行业、企业的参与下对课程进行重构，课程设计考虑学生期望取得的学习成果，以专业的培养目标和毕业要求为导向，从而建立起较为完善的课程体系。以产出为导向的应用技术型高校的课程建设要依据专业培养目标和毕业要求制定课程目标和教学大纲，课程内容、课程实施、课程考核方式的选择都是为了更好地实现课程目标，同时要根据对学生学习成果的考核与评价持续不断地对课程进行改革，进而提升人才培养质量。

三、树立应用型人才观和教学中心观

不同类型的高等学校和专业应当主动应对科技、经济、政治和文化发展对人才培养规格和结构提出的要求，尊重和充分发挥不同类型学生的兴趣、特长和爱好；在教学内容、方法、人才培养模式和师资结构等方面，努力办出各自的特色和水平，以适应社会发展对多种类型高级人才的要求；要改变传统的人才培养观，树立科学的应用技术型人才培养观念，注重培养技能型、岗位型、实践型、操作型人才。[①]应用技术型高校应确立准确的办学定位和人才培养目标，明确自身所培养的是应用型人才而不是学术型人才，因此，在课程设计、实践教学、实验室建设等方面都要围绕应用型人才的培养进行，以服务于应用型人才培养的需要。

应用技术型高校不仅要树立应用型人才观，还要树立教学中心观，正确处理教学与行政管理、科学研究等之间的关系，明确学校开展的一切活动都是为了教学。抓好了教学就等于抓好了教育质量，因为教育质量受各阶段、各方面教育活动的影响，且主要是在教学过程中生成的。教学对教育的重要性决定了教育及其专门机构——学校必须坚持以教学为中心的原则。[②]尤其是应用技术型高校的学术基础薄弱以及学生的基础较弱，这就决定了其要以培养人才为主，所以，应用技术型高校应树立以教学为中心的教学观。

四、树立大课程观和整体优化的课程观

在大课程观的指导下，应用技术型高校在课程建设中要重视显性课程与隐性课程、学科基础课程与活动课程的开发和组织，要做到课内与课外、校内与校外相互配合，以保证应用技术型高校课程建设能满足应用技术型人才培养的需求。

课程建设是一项系统工程，课程的每个要素都是课程建设不可或缺的环节。为了实现应用型人才培养目标，应用技术型高校要注重课程建设要素之间的关联性，以及课程与课程之间的关系，以最大化发

① 梁秀生，顾永安，王中教. 回归与创新：应用型人才培养模式改革探析——基于高质量就业视角的审视[J]. 职业技术教育，2018（34）：37-42.

② 王道俊，王汉澜. 教育学（新编本）[M]. 北京：人民教育出版社，1999：179-180.

挥课程功能。我国台湾地区科技大学非常重视课程目标建设，建立的课程目标明确而清晰，并在各高校的网站上公布了课程目标。目前，课程目标建设未引起我国应用技术型高校的足够重视，存在课程目标缺失的问题，同时，在课程建设过程中存在顾此失彼的现象，高校重视课程结构和课程内容的改革，忽视了课程目标和课程评价的改革。针对上述问题，我国应用技术型高校应制定明确、具体的课程目标，要注重平台搭建与模块设计，处理好课程与课程之间的关系，避免出现课程孤立、课程过多和知识点过于狭窄等问题，加强课程之间在逻辑和结构上的联系与融合，加大课程体系内在的柔性。①

第三节　应用技术型高校课程建设的内容与路径

一、构建合理的培养目标体系

应用技术型高校课程目标的制定要考虑到知识发展、学生需求、社会需求。但是目前应用技术型高校更多的是一种封闭性办学，在课程目标的制定过程中很少会考虑社会、学生的需求，其所制定的课程目标还是主要侧重于学生的认知发展，这样的目标会使教师和学生更加关注知识点，而忽视学生能力的培养和素质的养成。然而，课程目标或课程的预期功能不仅仅是单纯强调知识与技能，更重要的是关注学生的能力、情感、态度和价值观。应用技术型高校应该根据自己的办学传统以及学校的实际情况、自身所处的地方经济和区域经济情况，制定具有自身特色的学校培养目标。此外，其所制定的培养目标还应得到学校师生的认可，因为只有师生认可了，他们才有可能将其转化

① 朱永江. 新建地方院校应用型本科课程体系建构取向[J]. 现代教育科学，2010（1）：72-73，76.

为具体行动。更为重要的是，各高校的培养目标还需要进行层层分解，这样学校培养目标才更容易得到落实，并最终实现学校的应用型人才培养目标。

（一）制定校院培养目标和规格

学校培养目标就是指要求学生达到的基本知识、能力和素质。它是学校办学定位、办学理念等的体现，也是制订人才培养方案、设置课程、安排各种教学环节的基本依据。美国学者哈瑞·刘易斯认为："一个大学需要观念和目标的指引;需要一个充满理性的工作思路和目的。"[①]因此，一个明确而合理的学校培养目标对整个学校的发展起到重要的指向作用。我国台湾地区科技大学重视学校和各学院培养目标的制定,如正修科技大学根据学校的办学使命以及学校的实际情况，制定了明确的学校培养目标，其各学院培养目标是学校培养目标的具体化。因此，各学院应依据学校培养目标和学院情况，制定具有本学院特色的培养目标。

（二）制定专业培养目标和规格

专业培养目标是学校、学院培养目标的进一步具体化，也是课程目标、课程内容、课程结构的建设依据。不同类型高校同一专业的培养目标应该是不同的，作为应用技术型高校专业培养目标，应突出应用性、行业性等特点。因此，应用技术型高校根据自身特点、学生特点以及地方经济社会发展制定合理的专业培养目标是非常重要的。我国台湾地区科技大学各专业培养目标的制定较为明确、具体。例如，正修科技大学资讯工程系的培养目标规定了教育目标和学生的核心能力，为其课程建设提供了很好的依据，德国应用科技大学的专业培养

---

① [美]哈瑞·刘易斯. 失去灵魂的卓越：哈佛是如何忘记教育宗旨的[M]. 侯定凯等译. 上海：华东师范大学出版社，2007：224.

目标注重学生实践能力和跨学科能力的培养。

（三）制定课程体系目标

课程体系目标主要是根据学校、学院、专业的培养目标和规格制定的。高校课程体系目标主要包括通识体系培养目标、学科基础课程体系目标、专业基础课程体系目标、专业方向模块课程体系目标等。例如，我国台湾地区的正修科技大学的通识教育课程目标是："为了落实本校'止于至善'的办学理念，以全人教育为目标，以了解、涵养并陶冶人与自己之关系、人与社会之关系、人与自然之关系，以达科技与人文对话、本土与国际兼容、理论与实物并重、纵向与横向兼顾、学习与生活与共、专业与通识整合之目标。"①我国应用技术型高校课程体系目标的制定存在很大的缺失，学校对每个课程体系要达到什么目标不清楚，教师对所教的课程目标不清楚，学生对所学的课程目标也不清楚，缺少教学方向和目标，导致教学效果不理想。因此，应用技术型高校应该根据学校培养目标制定学校层面的通识教育课程目标，应该根据学校、学院培养目标制定学院层面的学科基础课程目标，应该根据学校、学院和专业培养目标制定专业基础课程目标和专业方向模块课程目标。②

（四）关注培养目标之间的关联性

课程设置要以专业培养目标为依据，课程体系要支撑专业培养目标。高校可以引用课程矩阵分析培养目标之间的关联性，检测课程体系的优化情况。"根据课程矩阵的思想，可把一个专业的目标分解为一系列的子目标作为一个维度，把这个专业所有的课程作为另一个维

---

① 正修科技大学通识教育中心[EB/OL]. [2018-08-27]. https://gec.csu.edu.tw/wSite/ct?xItem=41786&ctNode=9348&mp=A03005&idPath=9248_9253_9348.

② 尹宁伟. 应用型本科人才培养模式研究[D]. 厦门大学博士学位论文，2013：232.

度，通过两个维度的关联考察各门课程与目标体系的相关性。”[①]通过课程矩阵分析课程与专业培养目标之间的关系，一般存在三种问题：第一，几门课程同时支持一个专业子目标，这属于课程重复的问题，这时需要考虑课程合并；第二，一些课程没有指向任何专业子目标，我们常说因人设课，这些无关课程需要淘汰；第三，有些专业子目标没有课程支撑，这时需要开设一些新的课程来支撑这些目标的实现。

总之，国家要制定相应的应用技术型高校或职业教育法规，在“法”定教育目标的基础上，制定“部”定教育目标，然后学校将“法”定、“部”定层面的教育目标逐步细化到各课程体系的课程目标、单门课程目标等，这样把教育理念和教育目标加以分化，切实地实现学校人才培养目标。各层教育目标或课程目标的制定应考虑到培养的人才所应具备的知识、能力与素养，以学校的教育使命和教育目标为核心，制定出专业培养目标、各课程体系的目标和单门课的课程目标。课程目标应紧紧围绕学校办学理念和培养目标来设置，使学校教育目的和培养目标落实到课程与教学层面，促进学生发展，提高人才培养质量，实现应用技术型高校内涵发展。

二、优化课程纵横向结构

课程结构决定着课程功能的发挥，在课程建设中起着至关重要的作用。一个合理优化的课程结构能够使各门课程形成合力，能够最大限度地发挥课程体系的整体功能，最终实现课程目标。[②]从一定意义上讲，教学改革和人才培养模式改革的核心问题是课程结构问题。课

① 周光礼．“双一流”建设中的学术突破——论大学学科、专业、课程一体化建设[J]. 教育研究，2016（5）：72-76.

② 崔颖．高校课程体系的构建研究[J]. 高教探索，2009（3）：88-90.

程结构一般分为纵向结构和横向结构。课程结构在一定程度上决定着学生的知识结构、能力结构和素质结构。合理的课程结构应该与应用型本科人才的知识结构、能力结构和素质结构相契合。应用型本科人才的课程结构是根据社会经济发展、培养目标、学科特点，以贴近社会发展需要、符合应用型办学定位和学生个人发展需要而设置的。

（一）课程纵向结构的优化

我国大学课程结构在 20 世纪 50 年代曾经学习苏联的“公共基础课、专业基础课和专业课”的“三层楼”结构，这种课程结构依据学科逻辑组织，注重知识的系统性、理论性，但其忽视了素质教育和个性发展，因此饱受批评。20 世纪 80 年代中期以后，高校纷纷对本科教育的课程结构进行改革。当前我国大学课程纵向结构主要是“通识教育课程、学科基础课程、专业基础课程（专业核心课程）、选修课程”的课程模式。常熟理工学院通过整合通识教育课程、集成专业课程、创新企业课程，使其在课程结构上逐步形成“基础+专业”的平台化架构，并逐步形成“专业方向课程+跨专业任选课程”“学校课程+企业课程”模块化、纵向化的培养体系。[①]

那么，应用技术型高校在培养应用型本科人才的课程结构中，各部分课程占多少比例较为合理呢？根据应用技术型高校的实际情况和应用型本科人才的特点，本书提出，通识教育课程、学科基础课程、专业课程、选修课程学分占总学分的比例分别设置为 25%、10%、40% 和 25%较为合理，具体操作为：压缩通识教育课程，如外语课程、体育课程等，适当增加人文素养、专业伦理等课程，以便培养学生的职业道德、敬业精神和合作精神等；学科基础课程学分所占比例由原来

---

① 朱士中，顾永安，何东亮. 新建本科院校转型发展背景下课程改革的探索[J]. 新余学院学报，2014（5）：1-6.

的 20%压缩到 10%左右，使学生具备一定的理论知识；提高专业课程学分所占比例，以让学生掌握本专业理论、专业知识和专业技能，这样既有助于培养其专业核心能力和专业思维，也有助于其今后适应社会上相应的工作；选修课程主要包括专业方向模块课程和跨专业选修课程，可以满足学生的不同兴趣和个性发展需要，为学生就业提供更多的知识和技能训练。应用技术型高校由于师资队伍不足，不能开设大量可供学生选择的课程，因此，选修课程学分所占比例不宜过高。此外，根据应用型人才的复合性和综合性的特点，以及典型案例成功的经验，本书认为还需开设 10%的跨专业选修课程。

（二）课程横向结构的优化

1. 增加实践课程，强化实践能力的培养

应用型本科人才既要具备一定的理论基础，也要具备一定的实践能力。理论界和实践界都意识到实践课程是培养应用型人才的重要渠道，并针对实践不足的问题提出延长实践课程时间的建议。从调查数据和文本分析发现，部分应用技术型高校的实践课程学分占总学分的比例为 20%—30%。教师和学生都认为理论课程太多，实践课程所占时间较少，与培养应用型人才的目标不相匹配。培养应用型人才，究竟要设置多少实践课程才较为合理？借鉴境内外应用型人才培养的成功经验，本书提出应用技术型高校的实践课程学分应占总学分的 40%—50%，这对于应用技术型高校的实践课程设置具有重要的参考价值。

2. 优化通识教育课程和专业课程

（1）压缩公共必修课程，增加人文素养课程

通识教育课程包括公共必修基础课程和公共选修课程。从调查和访谈中发现，师生认为公共课程多、专业课程少，其中的公共课程多是指公共基础课程。在我国的通识教育课程中，外语课程、政治理论

课程、计算机课程占有相当高的比例，这类课程主要提供工具性知识和技能，而不是培养具有智慧和人文素养的、人格健全的公民。在通识教育方面，我国台湾地区科技大学的通识教育课程注重人文素养类课程和专业伦理课程的设置，主要包括大学语文、历史与文化、生命教育、公民教育和工程伦理等。为此，对于公共必修课程，我们要采用合并、压缩、减少课时数和学分的方式，适当增加人文素养类课程和专业伦理类课程。这样不仅能使应用型本科人才具有良好的专业技能，还能使其具有良好的文化素质和修养。

（2）通识教育和专业教育有机结合

处于知识经济时代，“一个人必须不仅为工作做好准备，而且要为工作变换做好准备。通识教育和职业教育必修携手并进”[①]。目前，我国大部分高校实行的是通识教育课程与专业课程“二、二”分段式，即大一、大二主要学习通识教育课程，大三、大四主要学习专业课程，这在一定程度上割裂了通识教育课程与专业课程之间的联系。整体知识观主张本科教育应该是一种完整的教育，在本科教育中树立整体知识观，以整体知识观来统整普通教育和专业教育。[②]因此，通识教育课程应贯穿在大学整个过程中，高校应使学生较早接触专业课程，促进通识教育课程与专业课程的有机融合。应用型本科人才的培养在实际操作中要注重提高某一学科专业课程群中实用课程的比例，如在国际贸易专业中，贸易实务、商贸谈判技巧、进出口业务之类的课程应该多一些，而像区域经济理论、区域贸易理论这样的课程就应该少一些。再如心理学专业中，心理咨询、管理心理学、社会心理学等应用型课程应该多一些，而像心理学基础、心理学文化史等课程就应该少

① [美]约翰·S. 布鲁贝克. 高等教育哲学[M]. 郑继伟，张维平，徐辉等译. 杭州：浙江教育出版社，2001：95.

② 郭德红. 美国大学课程思想的历史演进[M]. 北京：中央编译出版社，2007：186.

一些。[①]

3. 适当增加选修课程，跨学科课程

应用技术型高校应适当增加选修课程，扩大学生选择课程的自由度。必修课程主要是规定培养人才的基本规格和基本质量，以及学生需要掌握的知识和技能，而选修课程则是让学生自主选择的课程，以满足学生的个性发展需要。选修课程设置的理论依据是社会需求与个人需求之间的差异，选修课程的设置旨在体现差异化、多样化。应用技术型高校应尽可能提供给学生更多的机会，广泛开设选修课程，提供丰富的课程资源以让学生自由选择。这样既能培养学生的个性，又能更好地满足学生就业的需要。

跨学科课程或综合课程已经引起人们的关注。应用型人才具有综合性和复合性的特点，因此，应用技术型高校应开设一些交叉课程、跨学科课程等综合课程，使文、理、工相互渗透。目前，高校通识教育课程设置了人文、社会科学和自然科学等分类通识教育课程。但是专业课程主要是按照专业进行设置的，各门课程还是画地为牢，强调自身的系统性和完整性，在一定程度上不利于培养学生综合分析问题和解决问题的能力、团队合作能力。因此，应用技术型高校应强调学生所学知识的应用性、适用性和创造性，有必要调整课程设置，打破过去那种单一的专业分明的界限，加快知识更新的速度和增强课程的综合性。

三、完善课程内容

课程内容是课程建设的核心，应用技术型高校应更新和完善课程

---

① 李玉侠，宋国双. 调整地方本科院校课程体系 促进大学毕业生就业[J]. 职业教育研究，2006（10）：50-51.

教学内容，精选经典教学内容，删减陈旧、过时的教学内容，去掉重复性的课程，注重知识的科学性、先进性和适用性，积极地将当今科学技术的发展前沿和各学科领域的最新科技成果引入课程教学中。应用技术型高校的课程内容不在于追求学科知识的专、深、尖，而是关注专业知识的广度和交叉融合，因此，应遵循“先进、有用、有效”的原则进行课程内容的建设。在未转型之前，大部分应用技术型高校的课程模式都是按照学科逻辑顺序进行组织的，注重知识的系统性、内在逻辑性，却忽视了知识与工作任务之间的紧密联系，人为地割裂了技术理论知识和技术实践知识。①

（一）更新课程内容

1. 建立人才培养方案动态调整机制

应用技术型高校应通过对人才培养方案的定期修订，以不断更新课程内容，如每 2—3 年进行一次全面修订，每年进行一次局部调整，合并压缩和调整老课程，及时更新新课程和教学内容。除了课程体系和内容的推陈出新外，应用技术型高校还应推进实验内容和实验模式的改革和创新，以培养学生的实践动手能力、分析问题和解决问题能力，此外，还应邀请社会人士、用人单位、行业产业有关人员参与人才培养方案的制订。

2. 根据企业需要调整课程内容

应用技术型高校应根据应用型人才的特点，加强与社会、行业及企事业单位的联系，教学内容应该达到灵活性、针对性和职业适应性的统一。德国应用科技大学的专业课程没有固定教材，仅规定了教学大纲，教师根据行业、企业需要以及各专业的前沿观点更新教学内容。

---

① 王亚南，林克松. 应用技术型高校课程革新的路向：技术知识建构的逻辑[J]. 江苏高教，2015（2）：81-85.

如果我们选择某一固定教材,那么其应该只能成为教师讲课的参考书,真正的教学内容应该根据社会和企业实际工作岗位的需要而定。这就要求学校根据社会、行业、企业的发展，针对企业的需要不断更新教学内容。[①]

3. 根据资格证书标准更新课程内容

应用技术型高校遵循国际分工标准，通过将国际证照要求及时融入课程来更新课程内容，同时，这也可以使课程与学生就业紧密结合起来，检测学生能力的提高。目前，我国应用技术型高校也设置了专业方向模块，但是还没有与国际证照相对接。应用技术型高校将国际分工的职业资格融入专业方向模块课程，既能体现以培养学生能力为主的理念，又能更新教学内容，让学生掌握前沿知识，以便满足地方经济社会发展和学生发展的需要。

（二）构建模块化课程

在课程设置上，应用技术型高校要注重删减和整合陈旧、重复的课程内容，并在此基础上引入模块化课程。模块化课程的特点是通过知识点的整合、弹性学时的设置，形成符合学生认知特点、灵活多样的知识学习与技能训练的结合方式。[②]设计模块化课程时，应遵循“以任务驱动”和“工程过程为导向”的原则，模块化课程打破了传统学术课程的高度结构化和专门化，按照课程之间的逻辑关系、课程与职业领域的对应关系组合成不同的课程模块，实现了课程内容与生活实际相联系，以便培养学生的各项能力。模块化设置是德国应用科技大学的重要改革与发展方向之一。模块化课程设置是指在制订专业培养

---

① 张庆久. 德国应用科技大学与我国应用型本科的比较研究[J]. 黑龙江高教研究，2004（8）：31-33.

② 靳玉乐，廖婧茜. 我国大学卓越应用技术型人才培养的改革探索——基于德国应用技术型人才培养经验的探索[J]. 西南大学学报（社会科学版），2017（6）：60-66，194.

计划时，将与同一主题相关联的若干门课程组成相对独立的教学单元。一个模块是由采用讲授、讨论、练习、实验等不同教学形式的课程组成的。德国应用科技大学全面引入模块化课程，模块手册详细规定了每个模块包含的课程及其学时、教学内容、考核办法等，以便培养学生运用科学原理和方法解决实际问题。

从数据调查和访谈中发现，教师和学生一致认为应用技术型高校的课程内容理论性强、偏难，学生如果不能接受和理解教师教的内容，就不能内化所学知识，也不可能把知识运用于解决实际问题，进而不能获得分析问题和解决问题等各项能力。因此，应用技术型高校应根据学生的学习程度和生源特点来编制和合并一些适合本校学生学习的模块化课程，在课程内容的设计上，打破原有按学科设计教学内容的旧框架，根据培养目标和社会需求，以模块化课程为核心，重新组织教学结构，在总体构架某一专业学生所必须获得的知识、能力和素质宏观模块的基础上，确定某一专业方向的学习重点及教学方案的中观模块，然后再细化微观模块中每一个模块的具体内容。

（三）增加地方特色课程

应用技术型高校应设置一些特色课程，把地方经济、文化传统融入课程中，以满足地方经济社会发展的需要。应用技术型高校的特殊性就是其区域性，其优势也在于其区域性。虽然有些应用技术型高校开设了一些特色课程，但从整体上看，能够反映地方经济文化的课程内容较少。应用技术型高校课程建设应结合地方资源来开发课程内容，以培养满足地方经济文化需要的人才。应用技术型高校还应依据学校的资源禀赋、专业培养目标等开设具有特色的课程，以彰显专业特色和办学特色。例如，不同应用技术型高校的通信工程专业所开设的通识教育课程不同，有的高校开设了经济学、管理学等课程，还有的高校开设了数学等课程。

四、注重能力培养的课程实施

（一）课程实施从“教导型”向“引导型”转换

课程实施要求教师从“教导型”向“引导型”转换，在教学过程中重视学生的主体地位，不断改进教学方法和教学手段，充分调动和激发学生的积极性、主动性和创造性。“教学方法的运用应当使学生积极主动地参与教学，在学生发展的进程中，教师应当不失时机地促进学生实现其发展。所以，高校教学方法不能是教师个人的表演方法，更不能是教师独霸课堂的方法。因此，教学方法的运用应当有助于教师发挥其指导作用，不论是采用讲授、讨论法还是采用实验法、现场教学法，教师所发挥的作用应集中在‘指导’二字上。”[①]美国学者厄内斯特·博耶认为：“所有真正的学习都是主动的，不是被动的，它需要运用头脑，不仅仅是靠记忆。它是一个发现的过程，在这个过程中，学生要承担主动角色，而不是教师。”[②]美国教师在上课时，先介绍本节课的内容在实际生活中的作用，然后给学生留出更多的时间进行思考、提问，让学生通过动脑成为知识的探索者、获得者，这就是一种引导型的教学方式。

（二）采用多样化的教学方法

在教学过程中，教师使用讲授法、案例教学法、问题教学法、讨论法等多种方法，通过师生互动，发挥学生的主体性和能动性，让学生参与建构自己的认知结构，以达到提高学生各项能力的目的。常用教学方法的效果比较如表 5-1 所示。《国家中长期教育改革与发展规

---

① 别敦荣，王根顺. 高等学校教学论[M]. 北京：高等教育出版社，2008：127.

② [美]厄内斯特·博耶. 大学——美国大学生的就读经验[M]. 徐芃，李长兰，丁审桃译. 北京：北京师范大学出版社，1993：135.

划纲要（2010—2020年）》强调，倡导启发式、探究式、讨论式、参与式教学，帮助学生学会学习。实际上，每种教学方法都有优势和不足之处，并且发挥的效果不同。例如，案例法有利于培养学生的分析问题能力，项目教学法有助于培养学生的团队合作能力。

表 5-1 常用教学方法的效果比较

方法	知识	态度	分析能力	人际关系	接受程度	知识巩固
讲授法	5	8	8	8	2	8
案例法	2	4	1	4	2	2
研讨法	3	3	4	3	1	5
角色扮演	7	2	3	2	4	4
游戏法	6	5	2	5	3	6
视听技术	4	6	7	6	5	7
自学	1	7	6	7	7	1
训练	8	1	5	1	6	3

注：表中数值为效果排名，数值越大，表示效果越差

资料来源：向春. 实效培训[M]. 广州：广东经济出版社，2005：341-342

应用技术型高校培养的是应用型人才，注重学生实践能力的培养。因此，应用技术型高校在选择和采取教学方法时，要考虑是否有利于实现培养目标，要根据课程性质、学生特点、课程目标等，在教学过程中强调学生从“做中学”，采取多种教学方法，以实现应用型本科人才培养目标。

五、加强实践教学体系建设

实践教学对于培养应用型人才的重要性是不言而喻的，既能提高学生分析实际问题的能力，又能全面提高学生的专业素质和能力。应用技术型高校课程建设以培养学生的实践能力为目标和评价导向，加

强实践课程建设，注重理论教育和实践教学的有机结合。因此，应用技术型高校以构建实践教学体系为突破口，确保实践教学效果，以便更好地实现应用技术型高校人才培养目标。

（一）增加实践教学比重

转型后的应用技术型高校日益重视实践教学的作用，提高实践教学的地位。但是应用技术型高校实践教学比例偏低，应延长实践教学的时间，增加实践教学的比重。2012 年颁布的《教育部关于全面提高高等教育质量的若干意见》指出，“增加实践教学比重，确保各类专业实践教学必要的学分（学时）”。根据应用技术型高校人才培养目标定位，其实践教学的比例在 40%—50%较为合适。从文本分析和调查中可以看出，大部分应用技术型高校的实践教学比例为 20%—30%，达不到以上要求。因此，应用技术型高校应增加实践教学的时间。与此同时，专业课程中增加实践课程内容，可以打破封闭的课堂教学，使理论与实际结合起来。德国应用科技大学的专业课中，理论教学与实践教学结合得非常紧密，有相当一部分课程的理论教学与实践教学的学分（课时）比例为 1∶1。

（二）建立多层次的实践教学形式

为了培养应用型人才，应用技术型高校应重视实践教学环节，构建课内系统的、综合性的实践课程，以及课外自主开放实验、贯穿学习全过程的专业素质拓展训练和校外实习。实际上，每一种实践教学方式都有一定的优势和不足之处，其对学生能力的培养有各自不同的侧重点，而且由于实践资源有限，不能全面满足学生的实践需要，应用技术型高校应不断扩大实践教学渠道，丰富实践教学形式，增加学生的实践机会。例如，德国应用科技大学有多项实践教学环节，主要包括实验教学、实践学期、项目教学、毕业设计和学术旅行等；中国台湾地区科技大学具有特色化的“实务专题”教学。

实践课程体系可以按照基本技能—初步综合技能—高级综合技能—创新技能的梯度模式进行设计，采取课内实训、实验设计、毕业设计和课外专业实习、开放实践等多种教学方式。[①]同时，还可以采取课内的课程实验实践、校内实习实训、毕业论文（设计）、校外实习、社会实践、科技创新等多种形式，做到课内与课外、校内与校外有机结合起来。

（三）校企合作协同育人

应用技术型人才培养需要高校与企业协同育人，才能培养出高素质应用型人才。高校与企业一起制订人才培养方案、编写教材、建设实习实训基地，共同承担学生实习和毕业设计等，实现人才共育。

1. 重视学生专业认知实习

理论教学与实践教学的衔接一直是研究者关注的问题。针对目前学校先理论教学后实践教学所造成的理论与实践脱节，理论教学和实践教学应循环交叉进行。培养应用型人才的应用技术型高校应改革传统的先理论教学后实践教学的方式，从第一学年开始就安排实践教学环节，并将理论教学和实践教学交叉进行。先实践教学后理论教学不仅可以使学生在入学后对实践有一定的了解，还可以使学生带着在实践中所产出的疑问进行有针对性的学习，使其认识到学习的重要性，激发他们的学习兴趣与热情。德国应用科技大学对生源有学历和实践的双重要求，这意味着新生在入学前就要有一定的实践经历。我国应用技术型高校的学生一般是通过高考直接进入学校的，缺少实践经验，对此，可以开设导论课，由教授或企业行业人员担任教师，让学生了

---

① 王荣德. 新建本科院校应用型人才培养体系的构建与实践[J]. 高等工程教育研究，2011（6）：102-106.

解本专业发展情况、今后的职业去向等。[①]合肥学院为学生提供了专业认知实习，即为学生在大学期间的第 2 学期末设置为期三个月的“第 5 学期”实习，使学生对今后可能会走向的岗位有更多的了解，做到理论与实践并重。

2. 重视实践教学合作

实践教学是校企深度合作的重要渠道。应用型人才的培养要在真实的环境中，让学生从“做中学”，才能更好地培养和锻炼学生的各项能力。因此，实践教学必须走产学研合作之路，加强校企合作，实现学校人才培养方案与企业用人机制的对接，协同培养行业需要的应用型人才。[②]德国应用科技大学与企业的联系非常紧密，企业参与课程内容选择、学生的评价、学生毕业论文的指导等。德国应用科技大学培养应用型人才的成功经验告诉我们，单靠学校很难培养出能满足社会需求的高素质人才，需要社会协同培养学生。

（四）提供实践教学保障条件

为了使实践教学达到预期的效果，需要提供实践教学保障条件。一是实验室师资队伍建设。目前，实验教师多由兼职教师担任，造成实验指导教师力量不足，影响实验实施效果。德国应用科技大学非常重视实验教师的建设，学校配备过硬的实验、实训指导队伍，要求实习、实训指导教师参加相关的岗位技能培训并获得证书。二是建立实践教学场所。实验实训基地以及设备的匮乏也是制约实践教学效果的瓶颈。当前，应用技术型高校的实验室、实习（实训）场所、生均科研仪器设备等方面还不能满足人才培养的需要，需建立校内实践教学

① 余国江，姜海，徐滟. 卓越工程师培养的德国经验借鉴研究[J]. 高教探索，2015(2)：66-69.

② 王荣德. 新建本科院校应用型人才培养体系的构建与实践[J]. 高等工程教育研究，2011（6）：102-106.

基地，主要是实验教学中心、各专业的实验室、实习（训）室、实习（训）工厂等。为了解决学生现场实习动手难度的问题，应用技术型高校应根据专业特点，在校内建设一批能够模拟现场环境的实习实训基地，给学生提供完全能够模拟现场环境的实验与实践场所，以解决现场实践“只能看不能练”的问题，提高实习效果。[①]此外，还应建立校外实践教学场所，主要是校外实习（训）基地、产学研合作教育基地等。三是建立实践教学监督机制。为了确保实践教学的质量，还需要建立实践教学考核制度。德国应用技术型高校设有专门的专业实习机构，并有详细的实习流程。在实习过程中，实习单位要评价实习生的表现，并且实习结束后，实习生要交实习报告。

六、以能力为导向的课程评价

课程评价是课程建设的一个重要环节，应用技术型高校应通过评价活动发现课程中存在的问题与不足，并分析存在问题的原因，从而提出相应的改进措施。应用技术型高校主要培养应用型人才，而应用型人才的课程评价不仅重视学生对知识的理解与掌握，更侧重学生对所学课程知识的分析、理解与应用，注重学生实践应用能力的考核以及合作精神等。[②]因此，应用技术型高校的课程评价要从原来重视知识的评价转变为重视能力的评价。

（一）评价方式多样化

应用技术型高校课程评价需要建立与应用型本科人才培养目标

---

① 张忠福. 建立以能力培养为中心的实践教学体系[J]. 实验技术与管理，2011，28（2）：11-14.

② 聂永成，董泽芳. 知识生产模式转型背景下应用型高校课程变革的路径探讨[J]. 湖北社会科学，2020（1）：144-150.

相匹配的评价方式，要改变传统以单一考试为主的方法，探索多元的课程考核方式，例如，采用笔试、课程论文、现场答辩、综合评价等多种方式，改变考试重知识轻能力、重结果轻过程的弊端；改变过去课程评价中对学生的理论考核占主导地位的现状，重视对学生实际操作能力的考核；关注学生在实践教学环节的组织与实施、实践报告的撰写以及综合成绩的评定，这样可以使学生将理论知识应用到实践中，以解决实际问题。例如，合肥学院的课程考核采取"N+2"模式，"N+2"学业考核是过程考核与期末考核相结合的考核制。"N"是指课程进行过程中的考核项，包括课堂讨论、课堂测验、课堂陈述、课题训练、项目设计、成型实验、调研报告、实地考察、论文撰写等多种形式，$3 \leqslant N \leqslant 5$，即任课教师可从多种课程考核形式中选择3—5种进行考核。"2"指的是两个"1"，其中一个"1"是指期末考试，另一个"1"是指课堂笔记。因此，应用技术型高校课程的考核应采取多样化的评价方式，做到结果评价与过程评价、量化评价与质性评价有机结合起来，提高学生的课堂参与度和投入度，促进学生的深度学习。

（二）评价主体要多元化

应用型人才培养的评价要改变单一的以学校为主的局面，不仅要从学校内部评价学生，还需要行业、企业相关人员的紧密配合，即管理主体、教师、学生，以及校外行业、企业等利益相关者都要参与到课程评价中来。一是教师、学生、行业、企业等参与评价，主要方式有教师自评、同行评议、召开座谈会，以及教师、学生、用人单位填写问卷等方式，并将其结果作为课程改进的依据；二是实习单位参与对学生的评价。学生在实习过程中、实习结束后的成绩考核等，由实习单位相关人员与学校指导教师共同参与评定，侧重考核学生的实践能力。

七、制定健全的课程制度

制定健全的课程制度是课程质量和课程运行的重要保障。应用技术型高校应制定合理的课程制度，确保应用技术型本科人才培养。一是课程信息要透明。各院校要将其对选课的要求、大学四年所修读的课程、授课教师信息、单门课的课程目标或教学目标、课程内容安排等公布出来。二是社会参与课程建设制度。应用技术型高校在课程建设过程中，教师、学生、行业、企业等共同制订人才培养方案、共同开发课程等，更好地满足学生和企业的需要，同时，借鉴我国台湾地区科技大学制定的信息透明课程制度、社会参与课程建设制度，建立课程准入机制，确保课程质量。应用技术型高校应制定科学的课程制度，保证课程质量和课程的正常运行，以便保证应用型人才培养的质量。

第六章　应用技术型高校课程建设的实现保障

第一节　建立三螺旋创新机制

随着第四次工业革命的到来，大学与企业开始携手面向社会的需求，重塑知识生产模式。知识生产模式逐渐从传统的“学术范式”向新兴的“应用范式”转型[①]，即从知识生产模式Ⅰ向知识生产模式Ⅱ转型。根据知识生产模式Ⅱ理论可知，知识生产主体不再局限于大学，政府、产业等均是知识生产主体，政府、产业和大学之间存在一定的关系。1995 年，美国社会学家埃茨科维兹（Eizkowit）教授和荷兰的雷德斯多夫（Leyesdorff）教授提出了大学-产业-政府的三螺旋理论，分析了大学、产业和政府相互依存的互动关系。埃茨科维兹认为，虽然大学与产业部门之间在过去存在着严格的边界，但是到了今天，高等教育与产业部门之间的关系是直接的、无处不在的。[②]在三螺旋结构中，大学、产业部门、政府成为知识生产主体，大学负责生产知识，产业部门负责利用知识，政府则负责提供政策保障。应用技术型高校的根本任务是培养应用型本科人才，只依靠大学较难培养学生的实践

---

① 李凤. 地方应用型本科高校产教融合：困境、机理、方向[J]. 中国高等教育，2020（9）：57-59.

② 转引自王成军. 官产学：三重螺旋研究——知识与选择[M]. 北京：社会科学文献出版社，2005：5.

能力。应用技术型高校要开放办学，大学、产业、政府三者协同育人，唯有如此，才能培养出高素质应用型本科人才。

一、国家要为高等教育多样化发展提供政策指导

国家要提供制度和基础设施保障，对高校进行分类管理，引导应用技术型高校积极走内涵发展的道路，形成各自的办学理念和风格，谋求错位发展和差异发展。

（一）建立多样化指标体系

1. 制定应用技术性高校评估标准

国家教育行政主管部门应确立高等教育格局，明确各类高校的定位和培养目标，针对不同类型高校，强化分类指导，构建符合不同类型高校的评估指标体系。评估具有重要的导向作用，为了促进应用技术型高校合理转型、办出特色，政府在本科教学工作水平评估方面应建立多样化的指标体系，分类指导高校的发展，从而在制度层面上引导应用技术型高校合理、准确定位，避免走趋同化道路。应用技术型高校一般应以教学为中心，办成“教学型”或“教学研究型”高校。因此，其应有另一套评估标准：主要评估教学质量，其次评估应用性科研成果和为地方服务的绩效。①因此，政府应针对不同类型的高校制定不同的评估标准，引导高等教育朝着多样化方向发展。

2. 提出相应法律法规保障

应用型本科人才的培养是一项系统工程，需要国家相关法律法规的支持。在这一方面，德国的经验值得我们借鉴。1985 年，德国重新修订的《高等教育结构法》明确规定：“不同的高校形式作为不同类

---

① 潘懋元. 做强地方本科院校 建设高等教育强国[J]. 井冈山大学学报（社会科学版），2010（1）：77-79.

型的高校体系中等值的要素而存在。”应用科技大学和综合大学及其同类高校是“不同类型、但是等值”的高等学校。[①]《中华人民共和国高等教育法》《中华人民共和国学位条例》只是规定了本科教育的一般规格和要求，没有对不同类型的本科教育做出具体规定。因此，国家应从“法”定、“部”定层面制定有关规定，以便保障应用型本科的法律地位。

（二）增加经费的支持力度

国家设立关于应用技术型高校的项目。在我国现行财政拨款体制下，教育资源配置既有研究型大学的“双一流”建设，也有倾向于高职院校的示范高职项目，但没有与应用技术型高校相关的项目。事实上，应用技术型高校在高等教育大众化中扮演着重要的角色，国家应该加大对应用技术型高校的投入。由于地方本科院校尤其是应用技术型高校属于地方政府办学，受地方制约很大，尤其是西部经济欠发达地区的院校，地方投资财力有限，这些应用技术型高校没有得到足够资金的支持，办学资金严重不足。为此，国家应在“分层投资”原则的指导下，合理分配高校资源，使不同层次学校都有均等的机会获得政府经费的支持。应用技术型高校有了充裕的资金，可以加强其课程建设、管理人员和师资队伍的培训、实训基地建设和教材开发等，进而提高人才培养的质量。

二、地方政府为高校与企业合作搭架桥梁

政府为高校与企业搭建合作机制，加强产学研沟通与合作。《国

---

① 马宁奇. 新建地方本科院校发展路径分析[J]. 国家教育行政学院学报，2012（7）：36-40.

家中长期教育改革和发展规划纲要（2010—2020年）》明确提出，创立高校与科研院所、行业、企业联合培养人才的新机制，推进产学研用结合，加快科技成果转化。这为我国应用技术型高校发展提供了有力的政策支持。应用技术型高校可以充分发挥融入地方经济社会发展体系的优势，在科技创新和服务社会的实践活动中使学生获得知识和技能。

目前，行业、企业参与高校人才培养的热情不高，需要地方政府出台专门政策，使高校加强与企业、行业之间的沟通与合作。高校要加强与企业、行业之间的沟通与合作，地方院校之间也要进一步加强沟通与合作，为学生提供良好的实习实训基地，促使校企达到深度合作。在西方的一些国家，法律规定企业必须为高校提供一定的技术服务并作为企业等级认定和享受税收优惠的标准和依据，这就能够激发企业与大学主动接近的动机。[①]在这方面，德国也有完善的法律法规，以保证企业对教育的参与度。

三、学校要主动与企业合作

产学合作教育是实现应用能力培养的根本途径。应用技术型高校要积极主动地与企业合作，到企业调研，了解企业发展需求，为企业意愿服务。双方要建立有效的合作关系，高校应该将社会服务意识放在优先的位置来思考，真正建立应用导向的课程体系，建立一支具有实践经验的专家团队，从而才能满足企业的需要。[②]应用技术型高校要想获得更好的生存和发展，需要改革过去封闭的办学状态，多与行业、企业等进行沟通和交流，提升办学水平，例如，厦门理工学院提

① 王洪才. 地方本科高校转型：问题、挑战与回应[J]. 江苏高教，2016（3）：8-12，17.

② 王洪才. 地方本科高校转型：问题、挑战与回应[J]. 江苏高教，2016（3）：8-12，17.

出了“亲企业”的理念。在人才培养方案上，学校可以听取行业、企业、教师和学生等多方面的建议，这样制订出的人才培养方案才能满足多方面的需求。实践教学的重要途径是行业和企业主导整个实践过程，参与整个人才培养过程。应用技术型高校可以深入当地企业实地调查其用人需求，据此确定各专业的培养规格和培养方案，在此基础上确定教学内容，从理论知识和实践能力两个向度构建课程体系。①

第二节　建立与之相适应的师资队伍

“好的课程要有好的老师实施，光有好的课程，没有好的教师，课程的功能是难以发挥的。”②师资队伍建设是应用技术型高校课程建设的核心问题，因为课程建设的成功程度取决于广大教师的师资水平。地方本科院校尤其是新建应用型本科院校升格初期的规模快速膨胀，使得师资总量严重不足。师资队伍年龄、职称结构不合理，青年教师、低职称教师偏多，师资总量不足与结构性短缺现象同时存在，已经成为此类院校提升质量的掣肘。③因此，应用型人才培养目标实现的根本在于建立与之相适应的师资队伍。借鉴境内外经验，应用技术型高校需要注重教师学历的提升，同时还需要要求教师具备一定的实践经验。

一、提高师资队伍的实践能力

应用技术型高校要培养应用型人才，提高师资队伍的实践能力尤

① 马宁奇. 新建本科院校发展路径分析[J]. 国家教育行政学院学报，2012(7)：36-40.
② 王伟廉. 高等学校课程研究导论[M]. 广州：广东高等教育出版社，2008：32.
③ 柳友荣. 四位一体实现新建本科院校可持续发展[J]. 中国高等教育，2013(5)：54-56.

为重要。师资队伍应具有丰富的经验和扎实的实践能力，才能保证其应用型人才培养的教学质量。目前应用技术型高校的教师素质、能力与人才培养需求存在一定的差距。应用型院校的教师大多来自研究型或研究教学型大学，专业理论功底较深厚，但是专业实践技能不足，已成为制约应用型人才培养的瓶颈。因此，借鉴德国应用科技大学的经验，应用技术型高校除了要聘请来自校外用人单位的专家外，还要有计划地提高本校教师的专业技能水平。师资队伍的培养目标必须与学校发展的步伐相适应。当学校发生变化时，有些教师可能不能适应这种变化，这时对教师的培训就显得尤为重要了。同时，为了使新聘任的教师的专业得到发展，需要对其进行培训。此外，对一些理论功底较深的老教师进行培训也是有必要的，这样可以使学院获得发展必备的师资力量。

二、拓宽来源渠道，改善师资结构

目前，应用技术型高校师资队伍结构中“双师型”教师较少，难以保证应用型人才培养的质量。因此，要建立与培养应用型人才相适应的师资队伍结构。一是适当引进博士研究生，提高应用研究和技术开发的能力；二是适当引进应用能力较强的专业硕士，提高教师的实践能力；三是适当引进行业、企业的专业人士担任兼职教师，改善教师队伍的能力结构。一方面，兼职教师主要是由企业家、专家、生产一线的技术人员、管理人员和熟悉行业现状、熟悉职业岗位技能的人来担当，他们能获得大量的人才需求信息，可以不断调整自己的教学计划和教学内容。这既壮大了师资队伍，也有助于高校与政府部门、经济界和企业界保持密切联系。德国应用科技大学会聘请一批兼职教师，大约占教师总数的 15%。[①]另一方面，聘请兼职教师可以减少高

① 舒光伟. 德国高等应用型人才培养的特征和启示[J]. 全球教育展望，2005(3)：72-75.

校的资金开支。对于地方本科院校尤其是新建本科院校来说，资金短缺是制约其发展的主要障碍，通过聘请一些兼职教师，而不是聘请大量的专职教师，可以在一定程度上减少高校的资金开支。

三、建立应用型师资队伍的管理制度

应用技术型高校要建立与应用技术型本科人才培养目标相适应的师资队伍，引导应用技术型高校的教师从理论型教师向应用技术型教师转型。应用技术型高校可通过培养和人才引进的方式加大“双师型”教师建设。一是加大在职教师的“双师型”培养力度，明确教师在职培训等相关规定，同时，聘请企业行业等高技能人才担任兼职教师，并且明确聘请相关规定，以规范兼职教师的教学。应用技术型高校应重视实验师资队伍建设，把实验教师和理论教师同等对待，例如，在职称评定、教师资格认定等方面，实验教师和理论教师可享受同等待遇。二是注重教师实训培养，针对刚进校的年轻教师大多是从“学校”到“学校”，缺乏实践经验的现状，学校可将年轻教师派到企业接受实践技能和职业素养培训。①

第三节　改进教学管理制度

目前，应用技术型高校的教学管理模式存在封闭、整齐划一的弊端，而这种模式不能适应应用型本科人才培养的需求，因此，要改进传统的教学管理模式，建立以社会需求为导向，以培养应用型人才为目标的教学管理模式。

---

① 顾永安. 新建本科院校转型发展论[M]. 北京：中国社会科学出版社，2012：359.

一、从统一性的教学管理转变为弹性的教学管理

传统的教学管理往往是对同一专业的学生进行整齐划一的管理，执行统一的教学计划、学年制、评价标准，但是这种教学管理模式已经不能适应学分制和选修课程的要求。学校应将教学管理的重心下移，放在院系一级，教学管理模式应突出以院系为中心。若教师和学生游离于课程改革之外，学校就会很难了解教师和学生的真实需求，教学效果就会大打折扣。大学应加强宏观规划，将教学管理的重心放在院系一级，允许院系在实际的教学过程中根据自己的专业特点，根据实践教学、实验教学的需要，确保学生的多样化和个性化发展。

应用技术型高校要树立“教学管理即服务”的理念，推进教学方式的多样化。教师可根据自身课程的特征来设置课程的教学任务，采用讲授、讨论、案例教学、实验等多种授课方式，让学生积极参与到课程教学中，培养学生的各项能力和素养。但是为了防止教师在课堂上“随心所欲”地教学，还应建立完善的信息评价系统。

二、从封闭性的教学管理转变为开放性的教学管理

应用型本科人才的培养特点决定了应用技术型高校的教学管理需要从封闭办学走向开放办学，在办学过程中引入多元治理理念，听取各利益相关者，如教师、学生、社会人士、行业企业等的不同诉求，建立协商、对话、交流机制。应用技术型高校要通过定期组织对毕业生就业去向和职业行业新需求的调研，邀请社会各界召开市场需求论证会议，根据市场对人才的需求，制订人才培养方案，同时与地方经济发展相联系，坚持“有用、有效、先进”的原则，不断更新教育内容。课程改革要更加关注毕业生就业市场，按照“从出口往回找”的

原则，以课程对学生就业的“贡献率”为依据确定课程设置。[①]

应用技术型高校可以与同类型高校合作开发课程机制，成立课程联盟，建立优质资源共享平台。应用技术型高校还可以借鉴高等职业技术学院课程建设的成功经验，因为高等职业技术学院与地方经济社会发展结合得很紧密，与产业链无缝对接。同时，应用技术型高校应打通与中职、高职院校交流的通道，建立“立交桥”。中职、高职院校的毕业生可以继续到应用技术型高校学习，应用技术型高校可以从中职、高职院校中招收到具有一定实践经验和专业知识的学生，从而有助于其培养高素质应用型本科人才。

三、加强对实践教学的管理

应用技术型高校应加强实践教学管理，完善实践教学管理制度。各高校应明确组织管理、企业和学院指导教师职责、学生职责、考核评价等方面的细则，使实践教学达到规范化和全程化，以实现实践教学的效果。学校应根据不同实验（训）室、实验（训）基地的实际情况，相应地采取不同的管理办法，调动“教”“学”各方面的积极性。

校企合作是培养应用型人才的重要途径，学校要与企业紧密合作。学校可成立实践教学委员会，由分管教学的校领导统管，由学校教务处、各学院、学校实验实训中心、校外实践教学基地等部门组成。实践教学委员会要定期研究有关实践教学的重大事宜，教务处是全校实践教学的主管与协调部门，负责处理实践教学的一些管理工作。这样，有了制度的明确要求，有了机构的有力保障，实践教学的质量才能得到保证，使其不偏离培养目标，不流于形式。

---

① 徐同文. 大学课程设计[M]. 北京：教育出版社，2011：74.